# 天竜くんまの昔ばなし

二本松康宏　監修

鈴木　実咲
滝澤　未来
服部　　奏
廣濵　波貴
編著

三弥井書店

# 目次

## 世間話

# 序

二本松　康宏

熊は浜松市天竜区にある山あいの里である。

これまで私たちは同じ天竜区のなかで水窪（二〇一四年度～一六年度）、龍山（二〇一七年度）、春野（二〇一八年度～二〇二三年度）と訪ね歩き、昔話や伝説を採録してきた。これらの地区はいずれも平成一七年（二〇〇五）の、いわゆる「平成の大合併」によって浜松市に編入されるまで独立した地方自治体だった。磐田郡水窪町、同郡龍山村、周智郡春野町である。

熊は、水窪や龍山、春野とは少し経緯が違う。熊村は昭和三一年（一九五六）の、いわゆる「昭和の大合併」で上阿多古村、下阿多古村、龍川村、光明村とともに同じ磐田郡の二俣町に合併した。その二俣町は昭和三三年（一九五八）に市制へ移行し、天竜市となる。水窪、龍山、春野は二〇年前まで独立した地方自治体だったが、熊は七〇年近くも前に自治体としては閉止されているのである。

＊　　＊

話は少し逸《そ》れて、一昨年の冬の春野での出来事である。

令和五年（二〇二三）一二月に春野町の犬居小学校で児童たちの学習発表会が催された。五年生と六年生は春野町に伝わる「新宮池の大蛇」と「徳川家康と和田之谷の桶屋」をそれぞれ劇にして上演する。当時のゼミの四年生四名（奥理咲子、島津華梨、中澤明音、永田絵美梨）が児童たちに伝説を紹介・解説し、脚本を書いた。そうしたご縁があって、発表会の二日前のリハーサルは学生たちと一緒に私も見学させていただいた。「新宮池の大蛇」も「徳川家康と和田之谷の桶屋」も、小学生らしく手作り感満載の楽しい劇だった。

もう一つ、私の心に残ったのは三年生と四年生の劇だった。児童たちが不思議なバスに乗って浜松へ行くという設定。目から鱗が落ちたというか、ちょっとした衝撃だったのは、そのナレーションである。「ぼくたち浜松の子は～」。

犬居小学校の児童は自分たちのことを「浜松の子」と言った。「春野の子」ではなく、「浜松の子」である。考えてみれば、前述のように周智郡春野町が浜松市に合併したのは平成一七年（二〇〇五）。子どもたちはすでに生まれながらの浜松っ子なのである。あたりまえのことなのだが、そのあたりまえの事実に、私は感慨を覚えた。

* *

実は、このときに突き付けられた現実が、熊での採録調査にあたって、ずっと私の脳裏にあった。昭和三一年（一九五六）に閉村した熊では、ほぼ七〇歳以下の人たちは「天竜市」の生まれとなる。春野の犬居小学校の児童たちに倣《なら》って言えば、「熊の子」ではなく、「天竜の子」ではないか。果たしてその人たちの中に「熊《ふるさと》」はあるのか？

私は採録調査にあたって財団等に助成を申請する際に、「民話の伝承とともに受け継がれてきた地域アイデンティティ」という言いまわしをよく使う。「民間口承文化財（民話）の記録と保存、公開は地域アイデンティティティの継承において緊急の課題である」と。申請のための綺麗ごとではなく、本気でそう思っている。私たちは一〇年にわたって水窪、龍山、春野を訪ね、民話を採録してきた。そして、その地に暮らす人々の、ふるさと《アイデンティティ》への思いに触れた。その思いと暮らしは気品や気高さと言えるようなものだった。

しかし、六九年も昔に村を閉じてしまった熊に、記録すべき、あるいは継承するべき意識《ふるさと》は残っているのだろうか？ そうした仄《ほの》かな不安を抱きながら、熊での採録調査が始まった。

＊　　＊

「熊」の地名の由来には諸説あるが、奈良時代の『万葉集』には「道の隈《みちのくま》」という言葉がある。「道の隈《みちのくま》」は「道のまがりかど」という意味である。「くま」には「端《はし》のほう」とか「境《さかい》」という意味もあった。そこから「曲がりくねって入り込んだところ」とか「奥まったところ」という意味も生じる。ずっと昔の熊はおそらくそういう土地だったのだろう。

江戸時代に火防《ひぶせ》の神として秋葉信仰が盛んになると、遠州の秋葉山と三河の鳳来寺とを結ぶ信仰の道は秋葉街道とも鳳来寺道とも呼ばれ、多くの旅人たちが往来するようになった。江戸時代後期に刊行された『東海道新改道中記』によると、秋葉山の麓の戸倉（天竜区龍山町戸倉）から鳳来寺の登り口となる大野宿（愛知県新城市大野）までは八里と九町（約三二㎞）とされている。戸倉から舟で天竜川を渡り、西川から石打の尾根道を越えて熊までは三里と二五町（約一五㎞）という。あるいは、江戸時代末期に刊行された『秋葉山参詣道法図』によれば、戸倉から大野宿まで八里半と二五町（約三六㎞）とされる。戸倉から熊へは三里半と二五町（約一六㎞）、神沢までが四里と二五町（約一八㎞）である。いずれにせよ熊は秋葉山と鳳来寺のほぼ中間になる。もう

「曲がりくねって入り込んだところ」でも「奥まったところ」でもない。熊は多くの旅人が行き交う宿場町として賑わうようになった。

昭和三年（一九二八）、市場の町は大火に見舞われ焼失した。それでも街並みはすぐに再建された。秋葉山参詣の旅客はすでに少なくなっていたが、それでもまだ町に活気はあった。

昭和一二年（一九三七）、盧溝橋事件から日中戦争が勃発し、昭和一六年（一九四一）に太平洋での戦争が始まると、物見遊山の秋葉山参詣も、いよいよそれどころではなくなった。さらにタイミングの悪いことに、昭和一八年（一九四三）三月、こともあろうに火防の神である秋葉山本宮が火災に遭い、本殿、拝殿、神楽殿などを悉《ことごと》く焼亡してしまった。以後、戦時から戦後にかけて秋葉山参詣はかつての隆盛を取り戻すことなく、自動車、自家用車の普及にともなって秋葉街道も歴史に埋もれていった。─そう思っていた。

六九年も昔に村を閉じてしまった熊に、しかし、ふるさと《アイデンティティ》は確かに受け継がれていた。その一つが秋葉街道である。市場や旭といった旧宿場町だけではない。石打に茶の栽培を伝えた弘法大師、柴の旅籠に泊まったしっぺい太郎、ホウジ峠の幽霊。熊の里のどこへ行っても秋葉街道にまつわる話を聞く。昔話の「半殺し皆殺し」も秋葉街道を旅してきた旅人のイメージだろう。人々はきまって「ここは秋葉街道だから」「昔、ここに秋葉街道が通っていてね」と語る。そんなときの顔は、皆、どこか誇らしげである。「秋葉街道」は日々の暮らしの中のすぐそこに今でも息づいていた。

＊　　＊

昭和六二年（一九八七）、戦後の熊を支えてきた林業も最盛期を過ぎ、人口減少や過疎化が深刻になりつつあるなかで、それに抗《あらが》う「ふるさと活性化事業」が始まった。それが女性たちを中心としたグループによって推進されたことは特筆するべきだろう。地域活性化、いわゆる村おこしの拠点として「くんま水車の里」が建設され、翌年には食事処「かあさんの店」と体験交流施設「ふれあいの家」がオープンする。敷地内にはこんにゃく加工施設や味噌・漬物加工施設も併設され、文字どおりふるさとのかあさんたちの味を伝えてきた。平成七年（一九九五）、「くんま水車の里」は静岡県内では二番目となる道の駅に認定される。平成一二年（二〇〇〇）には特定非営利活動法人《NPO》「夢未来くんま」を設立。翌年には物産館「ぶらっと」もオープンした。

熊に暮らすすべての成人が、このNPO法人「夢未来くんま」設立の会員になっているというのは、さらに特筆すべきである。NPO法人「夢未来くんま」が運営するのは道の駅「くんま水車の里」だけではない。道の駅での事業（「水車部」と呼ばれる）による収益をもとに、高齢者福祉、配食サービス（しあわせ部）、まちづくりや地場産業振興（いきがい部）、静岡県が推進する「子どもの水辺」（「くんま水車の里」「くんまホタルの里」「熊平水辺の里」）の保全・管理（ふるさと部）など多岐多彩である。

令和六年（二〇二四）年一〇月一日現在、熊の世帯数は二〇一、人口は四二八人。そのうち六五歳以上のいわゆる高齢者は二五三人で、高齢化率は六〇％に近い。過疎化と高齢化、そして限界化はもはや避けようがない。熊だけではない。天竜区のどこへ行ってもおよそ似たような数値《はなし》である。政府や省庁の偉い人たちが掲げる「地方再生」だとか「地方創生」だとかは、いったいどこのことなのだろうか？

誰かが何とかしてくれる、のではない。自分たちの未来《暮らし》は自分たちの手で守る。そして切り拓く。「くんま水車の里」と「夢未来くんま」が地域おこしのパイオニアといわれてきた（浜松市熊ふれあいセンター編『熊ふれあいセンター地域カルテ』、二〇二四年）のは、つまりそういうことなのである。「そこに熊《ふるさと》はあるのか？」どころではなかった。熊は、どこもかしこもふるさとへの思い《アイデンティティ》に溢《あふ》れていた。

それにしても、地域《ふるさと》の活性化《みらい》を、公共事業や企業の誘致ではなく、「道の駅」に託したのは、けっしてそれしかなかったということではないだろう。秋葉街道によって繁栄してきた熊らしい、いわば必然の選択だったのだろう。あるいは街道の暮らしに受け継がれたDNA《記憶》と言うべきか。

熊の里を訪ね歩くと「水車の里で働いている」「かあさんの店で働いていた」という女性たちがものすごく多いことに驚く。そのかあさんたちの笑顔は、過疎に抗い、地域の活性化《みらい》を信じて頑張ってきた誇りと逞しさに満ちている。そこにも「熊《ふるさと》」があった。

静岡県と浜松市

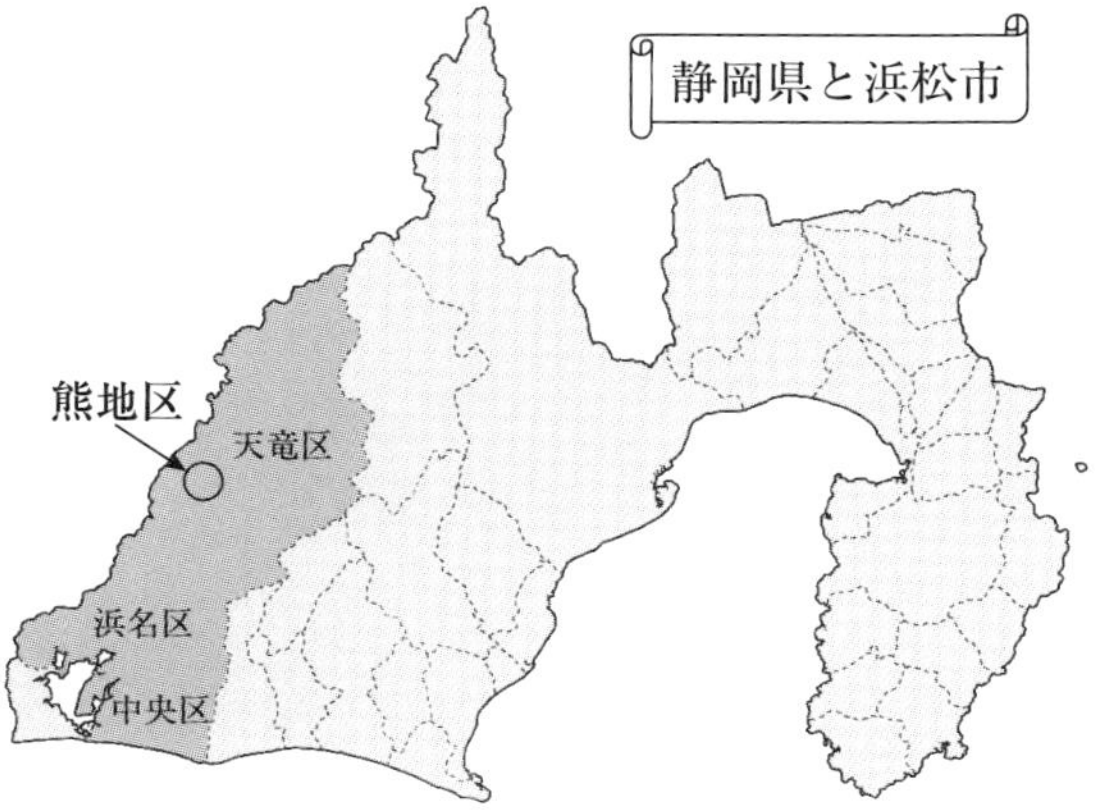


熊地区の集落

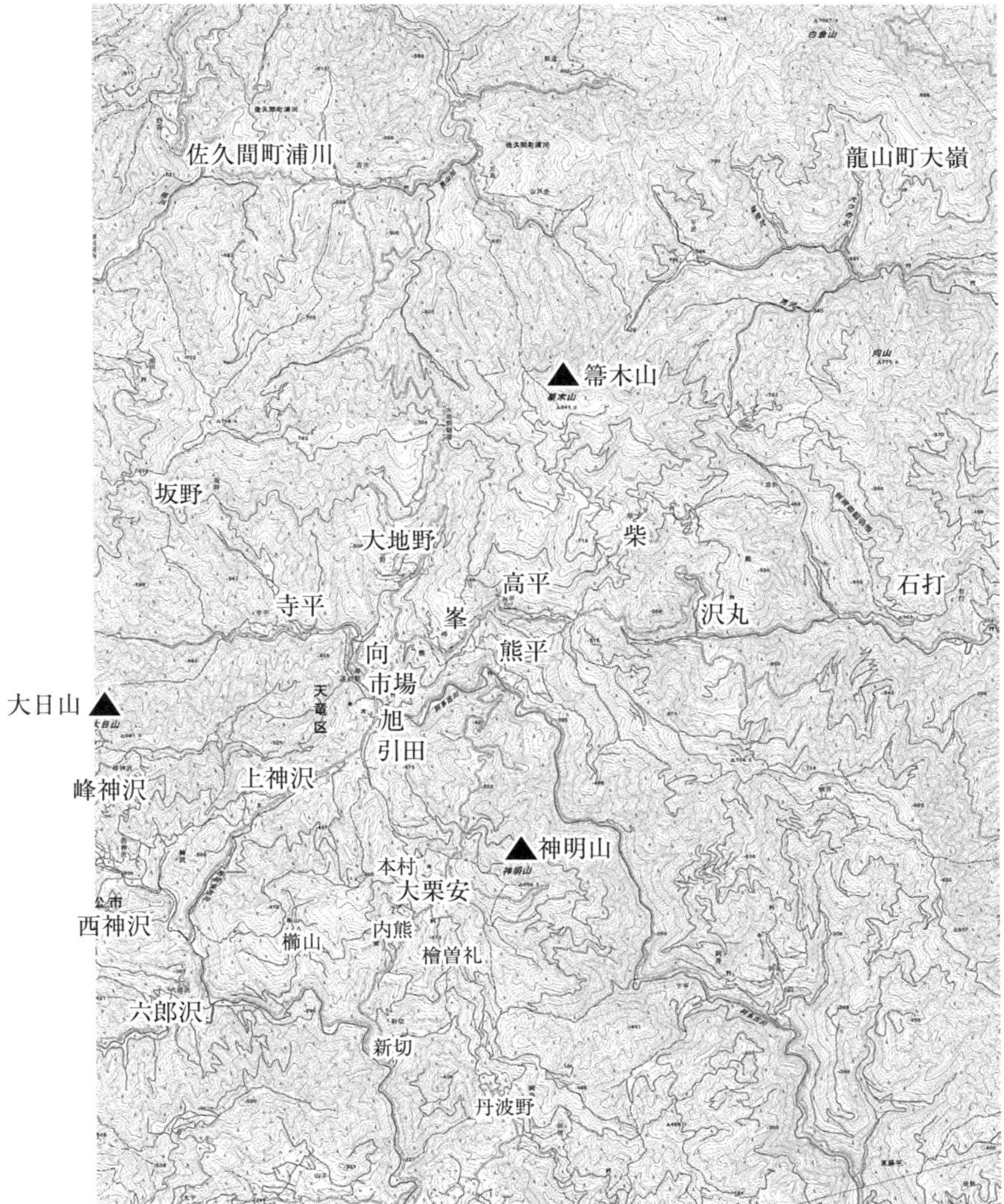

# 凡例

一　本書は、静岡文化芸術大学 文化政策学部 国際文化学科 二本松康宏ゼミ（伝承文学）に所属する学生が、令和六年六月から令和七年一月にかけて静岡県浜松市天竜区熊地区において実施した民話の採録調査の成果の一部である。

二　採録調査は浜松市天竜区まちづくり推進課と熊ふれあいセンターの協力を得て実施した。

三　調査では一〇七名の方から昔話七二話、伝説九一話、世間話六〇話、言い伝え七一話、合計二九四話を記録した。本書ではその中から四一名の語り手による昔話二九話、伝説二五話、世間話一六話、言い伝え二〇話、計九〇話を掲載している。

四　話はすべて原則として「語りのまま」「方言のまま」に掲載する。

五　昨今の社会情勢（高齢者を狙った特殊詐欺犯罪の危険性など）に配慮し、本書では話者の個人情報については詳細な情報を掲載しないことにした。氏名、生年、おおまかな住所だけを掲載する。

＊　採録調査については「公益社団法人ふじのくに地域・大学コンソーシアム」より「令和六年度 ゼミ学生等地域貢献推進事業」としての助成をいただいている。

＊　本書の刊行については「公益財団法人静岡県西部しんきん地域振興財団」より助成をいただいている。

# 昔話

# 1　一寸法師《いっすんぼうし》

石打　良子（石打）

そうそう、一寸法師《いっすんぼうし》は、あの、針《はり》の刀にじゃんね。で、お椀《わん》で、あのどんぶらこどんぶらこと行って、都《みやこ》へ流れていった。おじいちゃんとおばあちゃんへね、お礼《れい》を言《ゆ》って、行くんだよね。で、出てくんだよね。いくら、いくつになっても、大きくなんなくって。何でだろうって思うんだけどね。

ほいで、都行って、行こうとして、で、流れてって。都に行ったんだけど、本当に小さかった。だけど、「頼《たの》もう頼《たの》もう」って言《い》ったところが、その偉《えら》いところの人だったんだよね。で、そこで、お姫さまのお友だちになって、遊び友だちっちゅうか、なってくれって感じで。上手く入ったんだねえ。

で、それで一緒に勉強したりとかして、お供に連れてったら、やっぱり、あれどうして鬼が出てくるんだろうね。昔の話ってね、かならず鬼が出てきたよね。で、鬼がお姫さまのとこへ来たんだけど、鬼が。あの、針《はり》の、なんかでやっつけたっちゅう。口の中でプツンプツンと入って。口へ入ったかな。おなかの中でプツプツやったりして、それで出てきて鬼を退《たい》治《じ》したって。「偉《えら》かったね」って言《ゆ》った。

で、そのときに鬼が置いてった小槌《こづち》を持って、で、それを振って。振ったら大きくなってった。その一寸法師《いっすんぼうし》、「大きくなーれ、大きくなーれ」って言《ゆ》って、大きくなって、普通の人間になったっちゅう。

（令和6年6月22日採録）

## 2　かぐや姫《ひめ》

太田　則子（寺平）

おじいさんが竹を採《と》りに、竹やぶに入っていくと、根《ね》もとが光《ひか》り輝《かがや》いている竹があって。で、そこを斧伐《おのき》ったら、中にかわいい赤ちゃんがいて。まあ、子どもがないから、二人で、奥さんと「育てよう」って言《い》って育てた。

で、育てていたら、もうとっても綺麗《きれえ》な女の子になって、みんなが「お嫁さんにしたいよ」って、「お嫁さんにしたいよ」って言《ゆ》ってくるんだけど、まあ、かぐや姫はお断りしていって。で、どうして断っていたかっていうと、かぐや姫は月の世界の子だったんだよね。

で、もう月の使者がおじいさんのところに、「月に帰らなくちゃいけない」ってことをお話して。でもおじいさんは、本当は帰したくないんだけど、やっぱりこの世の人ではないっていうことで、「月からのお迎えが満月の日に来る」って言《ゆ》って、その月から来た使者の馬車に乗って帰っていっちゃったって。

（令和6年6月15日採録）

3 浦島太郎《うらしまたろう》㈠

石打　良子（石打）

あのねえ、子どもたちが、亀《かめ》を、浜辺でいじめていて、そしたら助けに来て、浦島太郎が来て、「いじめちゃいけないよ」っつって助けて、逃がしてやったっちゅうことね。で、そのご褒美《ほうび》に、竜宮城《りゅうぐうじょう》に連れてくんだよね。あれが不思議でしょうがないけどね。なんで海の中へ入れるんだって。で、乙姫《おとひめ》さまがいて。で、その接待《せったい》を受けたのが楽しくって、何日も、自分は二、三日だけだと思っていたのが、その乙姫《おとひめ》さまの中のあれは、その中で、何年だか、何万年、なんか、その月日《つきひ》が違ってたんだよね。自分が考えてた三日が、あの人たちにとっては一年ではなく、何年だった。

だって出てったら、まあ家《いえ》が、「そろそろお暇《いとま》する」って言《ゆ》って帰っていった村が、まったく、なに、滅びちゃってて。家がなくなっちゃってたくらいに、古くなったんだから、そうとう長かったんじゃない。

そして、残念がって。それで玉手箱《たまてばこ》を、お土産《みやげ》に貰《もら》った、でも「開けちゃいけないよ」って言《ゆ》って、言《ゆ》ったんだけど、「開けちゃいけないよ」っていうのは、開けたくなるのが心《しん》理《り》っちゅうの、人間のあれで。それもきっと何かの教えなんだろうね。で、開けたらおじいちゃんになっちゃったって。

（令和6年6月22日採録）

# 4 浦島太郎《うらしまたろう》(二)

太田 則子(寺平)

海辺《うみべ》で亀《かめ》が、まあ少年たちにいじめられていて、それを浦島太郎さんが助けたんだよね。それで、亀《かめ》が、ある日、亀《かめ》、「浦島太郎さんに恩返《おんがえ》しをするよ」って言《ゆ》って、竜宮城《りゅうぐうじょう》に連れていってくれたんだよね。

で、もう、そこで、乙姫《おとひめ》さまたちの踊《おど》りを見せてもらったり、ご馳走《ちそう》をいただいたりして、まあ楽しい時間を過ごしたんだけど、やっぱり、自分の家《いえ》に、「お母さんも心配だし」って言《ゆ》って、帰ってきたけれど、もう家もなく、お母さんもいなく、結局、その、海の中で、竜《りゅう》宮城《ぐうじょう》で過ごした年月っていうのは、本当は長かった、という話。

だから、玉手箱《たまてばこ》を開けて、まあ、おじいさんになって、まあ、自分がどれだけ竜宮城《りゅうぐうじょう》で過ごしたかって。

(令和6年6月15日採録)

# 5 鶴《つる》の恩返《おんがえ》し㈠

**酒井　金子（大地野）**

雪の降る晩《ばん》に、綺麗《きれえ》な女の人がね、家《うち》の前に立っていて、それで、なんか「一晩泊《ひとばんと》めてください」って。で、泊めてあげたんだよね。なんか、それは結局、鶴《つる》だった。で、助けてくれたお礼に、鶴《つる》は機《はた》をね、織《お》って。「これを、町に行って売って、売ったらいいですよ」って言《い》って。「ただし、織《お》っているときには、戸《と》をぜったいに開けて、見ないでくださいね」って言《ゆ》ったんだけど、いつかは見たくなるものなのよね、きっと。で、痩《や》せ細《ほそ》っていくし、だから、つい開けてしまったわけ。「見たわね」って。それで、見られてしまった鶴《つる》は泣く泣く、そのお父さんとの生活を諦《あきら》めて、大空《おおぞら》へ帰ってしまったというね。助けてくれたお礼に、鶴《つる》の恩返し。

（令和6年6月8日採録）

## 6　鶴《つる》の恩返《おんがえ》し㈡

熊平　典子（熊平）

そのおじいさん、鶴《つる》が怪我《けが》をしているのをおじいさんが助けたのかな。そして、あるとき、鶴《つる》が、綺麗《きれい》な女の人に身《み》を変《か》えて、おじいさんとおばあさんのとこに来て。そして、その貧《まず》しかったから、とにかく機《はた》をね、自分の毛を抜いて、そのね、機《はた》を織《お》って。それで、それをまあ反物《たんもの》にして。それで「都《みやこ》へ行って売ってきなさい」と、言《ゆ》って。それを、だけど、「私が機《はた》を織《お》っている間は、この唐障子《からしょうじ》をぜったい開《あ》けちゃ、見てはいけません」。抜《ぬ》いては機《はた》を織《お》る、抜《ぬ》いては機《はた》を織《お》るんだよ。とこを見せたくなくて、そう言《い》ったんだけど。

あるときね、おじいさんとおばあさんは、そっと覗《のぞ》いてみたら、その鶴《つる》が、その自分の毛を抜いて、機《はた》を織《お》って、それで、お金に換《か》えれるように反物《たんもの》を作っていてくれていたわけ。そして、鶴《つる》はもう見られちゃったから、もう、「約束してることを守らなかったから、もう私はこれでお暇《いとま》します」って。

（令和6年6月8日採録）

# 7　七夕《たなばた》の由来《ゆらい》㈠

太田　則子（寺平）

　あるところに男の人と女の人がいて。まあ二人とも、「かっこいい人だな」「綺麗《きれい》な人だな」って思って、思いを寄せていて。だけど、織姫《おりひめ》は機《はた》を織《お》る仕事、彦星《ひこぼし》は牛《うし》を飼《か》う仕事していて、まあ一生懸命《いっしょけんめい》、仕事していたのに、そうやって気になる彼女、彼が気になるようになっていって、結局、仕事をせず、遊んで、こう出会ったことで、仕事をしなくなってしまって。

　天《てん》の神さまだったかな。「そんなに遊んでばかりいるなら、二人を離れさせよう」って言《ゆ》って、天《あま》の川《がわ》を挟《はさ》み、二人を離れ離れにしちゃったけれど、もう会えないっていうのが辛《つら》すぎて。それを見た神さまが、「それはじゃあかわいそうだな」って言《ゆ》って、一年に一度、七月《しちがつ》の七日《なのか》に会えるように、橋《はし》を、鵲《かささぎ》の鳥で作った橋《はし》を、渡って、「会えるようにしてあげよう」っていうのが、七夕《たなばた》の謂《いわ》れって。

（令和6年6月15日採録）

# 8　七夕《たなばた》の由来《ゆらい》㈡

酒井　金子（大地野）

織姫《おりひめ》さまと、牛飼いの牽牛星《けんぎゅうせい》だっけ。あの織女星《しょくじょせい》と牽牛星《けんぎゅうせい》のお話。すっかり恋人になってしまうわけだよね、年頃になって、「素敵だな」って。で、神《かみ》さんが一緒にしてあげようとしたんだけど、一緒にしたはいいが、もう本当に離れなく、離れたくなくって、お仕事も出来なくなって。で、怒った神《かみ》さんは、「一年に一度だけ会うことを許してあげよう」と。「それまでは一生懸命《いっしょけんめい》、お仕事をしなさい」ということで、その日は天《あま》の川《がわ》に橋《はし》を架《か》けて、渡ることができるようにしてあげたんだね。

だから、ねえ、「今晩会えるといいねえ」とかって。熊《くま》のほうは月遅《つきおく》れだから、七夕《たなばた》、八《はち》月《がつ》の七日《なのか》なの。

（令和6年6月8日採録）

# 9　花咲か爺《はなさかじい》㈠

太田　則子（寺平）

優《やさ》しいおじいちゃんと、やっぱり悪い、意地悪《いじわる》なおじいちゃんが、そうな感じ。物語《ものがたり》ってだいたいそうだよね。シチュエーションができてるんだよね。

おじいさんが犬を飼っていて、優《やさ》しいおじいちゃんが。で、畑仕事《はたけしごと》していたら「ここ掘《ほ》れわんわん」って。「ここ掘《ほ》れわんわん」。で、おじいさんがそこ掘《ほ》ったら金銀財宝《きんぎんざいほう》が出てきて。隣《となり》で見ていた意地悪《いじわる》なおじいさんは、この優《やさ》しいおじいさんの犬を無理矢理《むりやり》引っ張ってきて、「宝《たから》のありかを教《おし》えろ」って言《ゆ》って。泣く泣くその犬が「ここ掘れわんわん」って言《ゆ》ったら、中からまあ、がらくたが出てきて。そのおじいさんは、悪いおじいさんはその犬、借りてきた犬を殺《ころ》してしまうと。

で、優《やさ》しいおじいさんは「犬がかわいそう」って言《ゆ》って、お墓《はか》を作ってあげたら、そこに、そのさ、一本木《いっぽんき》が育《そだ》って。で、その優《やさ》しいおじいさんは「その木を犬の代《か》わりに」って言《ゆ》って、伐《き》って臼《うす》を作るの。で、それでお餅《もち》を搗《つ》いたら、またそのお餅《もち》が金銀小判《こばん》に変わって。で、意地悪《いじわる》なおじいさんはそれを臼《うす》を借りてきて、無理矢理《むりやり》借りてきて、自分が搗《つ》いたんだけど。それは良《い》い物にはならなくって。で、怒ったおじいさんはその臼《うす》を竈《かまど》で燃《も》やしてしまったの。で、優《やさ》しいおじいさんはその灰《はい》を、灰《はい》をもらって「かわいそうに」って言《ゆ》って。家に帰る途中《とちゅう》で、その灰《はい》が風になびいて。で、枯れ枝に桜がファーって咲いたから。で、おじいさんがその、灰《はい》を蒔《ま》いては、花を咲かせたって。だけど、さ、そのときに殿《との》さまが通って「いやあ、みごとな爺だ」って言《ゆ》って。お金をね、宝物をくれて。で、悪いおじいちゃんは「よし、俺《おれ》もやろう」って言《ゆ》って。自分灰《はい》を持って行って。真似《まね》してやったんだけど花は咲かず、殿《との》さまの目や口に入ったから、怒られたって。

（令和6年6月1日採録）

# 10　花咲《はなさ》か爺《じい》㈡

酒井　金子（大地野）

太郎《たろう》ね、犬。「ここ掘《ほ》れわんわん」って。掘《ほ》ったら、なんか金銀《きんぎん》が出てきたって。小判《こばん》が出てきたっていうのを、隣の、とにかく、正直《しょうじき》じいさんと意地悪《いじわる》じいさんってあって、意《い》地悪《じわる》じいさんはそれを見ていて、太郎《たろう》を、嫌《いや》がる太郎《たろう》を引っ張ってって。で、「どっか掘《ほ》らせよう」と思って、「ここか」っていう。だけど、出てきたのは、なんか、こうなんか、うじゃうじゃしたもの。蛇《へび》だとか、なんかそんな物が出てきたんで、もう頭《あたま》にきたおじいさんは、太郎《たろう》を殺してしまうわけ。

で、正直《しょうじき》じいさんは、かわいそうに、太郎《たろう》をかわいそうに思って、手厚くこう葬《ほうむ》ってやるのね。で、そこに、まあそこに、桜の木がね、育って。で、その桜のそこに生えた木でかな、臼《うす》を作って。で、正直《しょうじき》じいさんがまたお餅《もち》を搗《つ》くと、また、大判《おおばん》小判《こばん》が出てくるんだよね。で、それを見た意地悪《いじわる》じいさんは、また、「その臼《うす》と杵《きね》を貸してくれ」と、強引《ごういん》に持って行って搗《つ》くと、またうじゃうじゃした物が出てきちゃったと。で、壊《こわ》してしまうわけ。

で、正直《しょうじき》じいさんはそれを持ってきて、燃やしたんだよね。その灰《はい》を、殿《との》さまが通《とお》るときに桜の木、桜の木だよね、撒《ま》くわけね、その灰《はい》をね。なんちゅって撒《ま》いたっけ。なんか言《ゆ》って撒《ま》いただよね。花咲か爺さんだよ、だから、それを撒《ま》いたの。そしたら、「見事《みごと》じゃ」って言《ゆ》って、お殿《との》さまからまた褒美《ほうび》を貰《もら》ったわけ。で、それを見ていた意地悪《いじわる》じいさんも、「わしも褒美《ほうび》が欲しい」って言《ゆ》って、殿《との》さまが通《とお》ったときに、その灰《はい》を投げて。「花咲け」みたいな。撒《ま》いたら、お殿《との》さまの目に入ったりなんかして、それで意地悪《いじわる》じいさんは、まあ懲《こ》らしめられたというお話だよね。

（令和6年6月8日採録）

## 11　瘤取《こぶと》り爺《じい》㈠

太田　則子（寺平）

優《やさ》しいおじいさんと、まあ意地悪《いじわる》なおじいさんが隣同士《となりどうし》で住んでいて。

優《やさ》しいおじいさんが山へ柴刈《しばか》りに行ったら、雨が降ってきて、洞《ほこら》で休んでいたら眠《ねむ》ってしまって。夜中《よなか》に鬼たちが宴会《えんかい》を開《ひら》いていて。その音に気づいた優《やさ》しいおじいさんが踊《おど》りが大好きだったから、一緒に輪の中に入って踊《おど》ったら、鬼がとってても喜んで、おじいさんがあんまりにも踊《おど》りが上手《じょうず》だから。「明日《あした》も来いよ」って。「じゃあ、その代わり、約束を守らないといけないから、おまえのその大切な瘤《こぶ》をよこせ」って言《ゆ》って。鬼がポンって取ったの。あっとね、最初に瘤《こぶ》があったの、優《やさ》しいおじいさんも悪いおじいさんも。で、おじいさんが瘤《こぶ》がなくなったから「いやーうれしいな」って帰ったら、それを見ていた悪いおじいさんが、意地悪《いじわる》なおじいさんが「よーし俺も、瘤《こぶ》をとってもらおう」って言《ゆ》って。

で、同じところに柴刈《しばか》りに行って。鬼が来るのを待っていたら、案《あん》の定《じょう》、鬼たちが宴会《えんかい》を開《ひら》いて。「よーしこれで自分の瘤《こぶ》も取ってもらおう」って言《ゆ》って、出て行ったんだけど、あまりにも踊《おど》りが下手《へた》だったから、鬼が「こんな下手《へた》くそな奴《やつ》の見たくもない」って言《ゆ》って。瘤《こぶ》をそのおじいさんにぺろーんてつけたから、両方ぶらさがちゃって。おじいさんは泣く泣く帰ったって。

（令和6年6月1日採録）

## 12　瘤取り爺《こぶとじい》㈡

石打　良子（石打）

瘤《こぶ》を取れるちゅうのね、あれ。良《い》いおじいさんは瘤《こぶ》が取れて、悪いおじいさんは、その取った瘤《こぶ》が付けられちゃって。鬼と瘤《こぶ》取りの話だよ。

良《い》いおじいさんは、おじいさんが瘤《こぶ》がついてたんだよね。で、やっぱり木を伐りに山へ行ったら、雨が降ってきちゃったから、あの、木の、間《あいだ》にこう隠れて。隠れてっていうか、入って雨宿《あまやど》りしてたら、鬼が来てしまって。で、鬼が囲《かこ》っちゃって、鬼の酒盛《さかも》りが、雨がやんで、酒盛《さかも》りが始まっちゃって、行くに行かれなくなっちゃって。ったら、その鬼の音楽にあれして、面白《おもしろ》おかしく踊《おど》ったんだね、良《い》いおじいさん。「おー、それはそれは」って言《ゆ》って、喜んで。おじいさんが、ご褒美《ほうび》に「ほんならお前の瘤《こぶ》を、これを取って、また来い」と。「取ったら、返すから」って言《ゆ》って。そして帰されたって。だから、そのおじいさんは取って、帰ったじゃん。

で、その話を聞いて、悪いおじいさんが、こっち側についてたんだね。反対側に。そして、その人も隠れてって、待ってたわけじゃん、鬼を。で、いつものように宴会が始まったときに踊《おど》ったんだけど、その鬼たちにとっては面白くない、下手《へた》くそな踊《おど》りだったんだね。「この野郎《やろう》」っつって、その取った瘤《こぶ》を反対側に。だから両方《りょうほう》の瘤《こぶ》になったって。

（令和6年6月22日採録）

## 13　舌切り雀《したきりすずめ》

石打　良子（石打）

昔、糊《のり》はこうやって、作ってるじゃない。貼り付ける糊《のり》ね。食べる海苔《のり》じゃなくって。で、そのときに、作っていたときに、おばあちゃんがお出かけになったときに、雀《すずめ》がチュンチュン来て、食べちゃった。そしたら、そのおばあちゃんは怒って、「この野郎《やろう》、食べたから」っつって舌《した》を切っちゃったじゃんね。それが、舌《した》切り雀《すずめ》の話。そして、雀《すずめ》は泣いて家《うち》に帰っちゃったって。

ほんで、そのおじいちゃんが帰ってきて、「なんて、かわいそうなことをしたんだ」って言《い》って。ほいで、おじいちゃんは謝《あやま》りに行こうとしたのかな、「雀《すずめ》、チュンチュン何とか」って言《い》いながら、まあ歌を歌いながら、「お宿《やど》はどこだー、チュンチュン」っとか言《ゆ》ってね、探しに行って。で、お宿《やど》の竹やぶ見つけて、そしたら、「ここです」って言《ゆ》って、戸を開け来たんだよね。「悪かった、悪かった」って言《ゆ》って謝《あやま》って、そのときに、そのおじいちゃんはやっぱり接待《せったい》されるんだよね。

ほいで、帰りに大きな葛籠《つづら》と小さな葛籠《つづら》があって、「どちらをやる」って言《ゆ》ったら、「小さい葛籠《つづら》を貰《もら》う」っつって、貰《もら》って、お家《うち》へ帰ってった。そしたら、おばあさんにその話をしたら、「なんで大きな葛籠《つづら》を貰《もら》ってこなかったんだ」っていう話をするわけね。そしたら、おばあさんが、「じゃあわしが行ってくる」と。中から大判小判が出てくるわけ。その葛籠《つづら》からね。で、「だったら、もっと大きいのだったら、たくさん貰《もら》えるだろう」っちゅうことだろうね。おばあちゃん、欲だから。

だから、おばあちゃんが今度行って、はあ、もう家《うち》を知ってることだから、どんどん行って、ほんで「接待《せったい》もほんなのどうでもいいで、葛籠《つづら》をくれ」っていうぐらいおばあちゃんは欲をかいて、「わしは大きいのを貰《もら》うぞ」っつって、「わしは貰《もら》ってくで」っつって、貰《もら》って。だから、早く開けたいから、途中《とちゅう》で開けたら、中から、それこそ、蛇《へび》やらお化けやら、すごいものが出てきたっつって。

（令和6年6月22日採録）

# 14　姥捨《うばす》て山《やま》（枝折《えだおり》）

髙橋　とみゑ（柴）

むかし、それこそ、おばあさんらが話すときには、歳取《とし》って働《はたら》けんくなる人が、おばあさとかおじいさが、山へどっか捨《す》てられるっちゅうのがあって。んで、ある息子が、おばあさんを背負《せお》ってさ、その姥捨《うばす》て山《やま》へ行くときに、おばあさんが、「息子がね、帰りに、道に迷いなしに自分の家《うち》へ帰るように」っつって、木の道の、道々、木の枝をね、こうにポキポキ折っといて。で、その姥捨《うばす》て山《やま》っちゅうか、おばあさんを降ろして。「俺が、あの枝をね、折って、ずーと折ってきたで、その枝を見て帰りゃ、家《うち》へ帰れる」っちゅって言《ゆ》って。その、親孝行の、息子の親がそうにやったたっちゅう話は聞いたことあるよ。

そういう話は、それこそ、おばあさが。私はおばあさっ子だもんで、ずーっとおばあさと一緒に寝てて。

（令和6年7月6日採録）

# 15　十二支《じゅうにし》の由来《ゆらい》㈠　鼠《ねずみ》と牛《うし》

高橋　とみゑ（柴）

だでさ、子《ね》、丑《うし》、寅《とら》、卯《う》ちゅってゆって、干支《えと》だってさ。鼠《ねずみ》が子《ね》、一番先《さき》だら。子《ね》、丑《うし》、寅《とら》っちゅう。

ほんで、神さまが「順番を決めるで」って言《ゆ》って。で、みんなに、その動物に「集まれ」っちゅって。そしたらさ、鼠《ねずみ》はさ、牛《うし》の背中にしょっと乗って、ほんで、その神さまの前に行って。先、牛《うし》に乗ってただけど、神さまの前で先に飛び降りたもんで、神さまが、「じゃあおまえが一番先だ」っちゅって言《ゆ》ったもんで、鼠《ねずみ》が先だって。だもんで、子《ね》、丑《うし》、寅《とら》、ちゅった。

鼠《ねずみ》がね、自分で歩いていくよりさ、牛《うし》の背中に乗ってって、神さまの前行って、ぷんと先飛び降りたもんで。ズル賢《がしこ》いちゅうかさ。だもんで、「自分が一番先だ」っちゅって。

（令和6年7月6日採録）

# 16　十二支《じゅうにし》の由来《ゆらい》㈡　鼠《ねずみ》と牛《うし》

太田　満子（沢丸）

子《ね》、丑《うし》、寅《とら》、卯《う》。あのねえ、鼠《ねずみ》が一番じゃんねえ、鼠《ねずみ》は。牛《うし》じゃん次が。牛《うし》の、頭に乗って。なんか競争があったのかな。なにしろ、ゴールのとこへ行って、で、鼠《ねずみ》はぴょんと先行っちゃったんだって。そいだもんで、鼠《ねずみ》が最初で、子《ね》、丑《うし》、寅《とら》、卯《う》になっただって。

鼠《ねずみ》はなにしろ、牛《うし》の頭に乗って行って、ずるいもんで、小さいだもんで。そいで、ゴールになったらぴょんと先へ。そんなことあっただかいね。

（令和6年7月6日採録）

## 17　十二支《じゅうにし》の由来《ゆらい》㈢　鼠《ねずみ》と牛《うし》・鼠《ねずみ》と猫《ねこ》

石打　良子（石打）

鼠《ねずみ》と牛《うし》といるじゃんね。で、鼠《ねずみ》はずるいもんで、牛《うし》の頭に乗っかって来てて、その到着《とうちゃく》したときに、鼠《ねずみ》がポンッと一番先に、飛び降りた。だから、子《ね》が一番先だって。

牛《うし》はのんびりだから、早く、一日前から家《うち》を出発して、ゆっくり地道に歩いてって、そして、やっと到達したところに、鼠《ねずみ》は頭いいもんで、賢《かしこ》いもんで、頭に乗ってて、ちょこんとしたから、子《ね》、丑《うし》になったんだって。

で、猫《ねこ》は騙《だま》されたんじゃないかって。猫《ねこ》は鼠《ねずみ》に騙《だま》されたのかな。一月一日か、十二月三十一日に着くっていう「そこで順番を決めましょう」っていうことだったんだよね。そいで、そのときに猫《ねこ》が聞いたのは次の日だった。そいで、着いたら、もう皆入っちゃって、「おまえはもうおしまい」っていうことで、猫《ねこ》が入らなかった。

（令和６年６月22日採録）

## 18　十二支《じゅうにし》の由来《ゆらい》㈣　鼠《ねずみ》と牛《うし》・鼠《ねずみ》と猫《ねこ》

岩田　尚也（峯）

牛《うし》の頭の上に、牛《うし》の頭の上に乗って、自分は歩かずに、鼠《ねずみ》がずるして、牛《うし》の頭の上に乗って、最後の、ゴールんとこで、飛びだしたから、一位、一位になったって。

そんときに、猫《ねこ》を、猫《ねこ》をだ「今日じゃないよ」っつって、猫《ねこ》に嘘《うそ》を言《ゆ》ってたんで。猫《ねこ》が鼠《ねずみ》を追っかけまわすっていうのはその辺《へん》みたい。猫《ねこ》がね、鼠《ねずみ》を追っかける理由はそこだって。

（令和6年6月29日採録）

## 19　十二支《じゅうにし》の由来《ゆらい》㈤　犬《いぬ》と猪《いのしし》

大石　顥（柴）

犬なんかは速いと思ったのに、犬なんか、途中《とちゅう》で遊んだもんで、あれ、遅くなっちゃったっというお話だよ。猪《いのしし》はなんかそこらで餌探《えささが》いててさ。

（令和6年8月3日採録）

## 20　鼠《ねずみ》の婿《むこ》取《と》り

太田　則子（寺平）

鼠《ねずみ》のお父さんがね、お婿《むこ》さんにね、選ぶときに、そのときに太陽に聞いたのかな一番最初、一番輝いてて。で、太陽が「いやいや僕は雲に隠されちゃうから雲さんの方が強いんだ」って言《ゆ》ったらあ。雲が「いやいや僕は風に流されちゃうから」って言《ゆ》って。風は「いや僕はいくら吹いても壁《かべ》が倒れないから壁《かべ》さんが一番強い」って言《ゆ》ったんだけど。壁《かべ》は「いやあ僕はいつも鼠《ねずみ》にかじられるからこの世の中で一番強いのは鼠《ねずみ》だよ」って話になって、お婿《むこ》さんに鼠《ねずみ》を選んだって。

（令和6年6月1日採録）

# 21　蕨《わらび》の恩《おん》

高橋　とみゑ（柴）

蝮《まむし》が、なんかトゲん刺《さ》されてねえ、動けんくなったときに、蕨《わらび》が下から出てきて、プイッとこうふうに跳《は》ねたら、そのトゲが抜けただかっちゅってゆう話は聞いたことあるよ。

蝮《まむし》がね、這《は》ってたら、なんかトゲが刺《さ》さって。そうで、もがいてもなかなか抜けなんだって。それだけど、蕨《わらび》が、こんななって出てくるじゃんね、出てくる。そんで、プンってなったときに、その拍子《ひょうし》で、そのトゲが、あの、取れたっちゅうか。だで、蝮《まむし》は蕨《わらび》に頭が上がらんっちゅうか、そういうなことはあった。

（令和6年8月3日採録）

# 22　兎《うさぎ》と亀《かめ》㈠

熊平　典子（熊平）

亀《かめ》さんはさ、のたのたほんとにあれだけど、兎《うさぎ》さんはぴょんぴょんでしょ。だけど、まあ、兎《うさぎ》さんが勝つと思って、亀《かめ》さんと「じゃあ競争しよう」っちゅうことになったのかな。で、亀《かめ》さんは「ぜったい勝つ」って言《ゆ》ったんだけど。兎《うさぎ》が亀《かめ》さんをばかにしたんだよね。それで「じゃあよーいどん」で始まって。そして、まあ、今、まだここまで来ても、まだ亀《かめ》さんはのたのたやってるから、だから、「ここで一眠《ひとねむ》りしよう」と、ね。それで、眠《ねむ》っちゃったわけよ、兎《うさぎ》がね。

そしたら、亀《かめ》さんは、もう、コツコツコツコツやる子だから、あの、頂上まで先に行っちゃったわけよ、寝てる間《あいだ》に、兎《うさぎ》がね。そして、兎《うさぎ》も目があいて「あっこれはしまった」っていうことで、で行ったら、亀《かめ》さんがもう到着《とうちゃく》してたと。

（令和6年6月8日採録）

## 23 兎《うさぎ》と亀《かめ》(二)

石打　良子（石打）

兎《うさぎ》と亀《かめ》は、まあ競争して。だから、兎《うさぎ》は、自分は速いってことがわかってるから、どんどん、先に行ったじゃない。で、先行って、もうね、亀《かめ》はまだまだ来ないであろうと、ちょっとおやすみをしちゃったって。昼寝だ。なんていうのかね、まあちょっと休憩《きゅうけい》をして行けばいいんじゃないかってことで、寝ちゃったって。

それで、亀《かめ》は地道にちょこちょこ行って、兎《うさぎ》が寝てるところも静かにっちゅか、あの、静かだから、通り過ぎて行って、そいで、はたと気が付いたときはもう到着《とうちゃく》してて。兎《うさぎ》は後から負けたって。

（令和6年6月22日採録）

## 24 北風《きたかぜ》と太陽《たいよう》

大平　洋一（大地野）

風と太陽がさ、どっちが強いかっちゅう話で、「よーし俺が強い」「俺が強い」っつって二人で言《い》い争《あらそ》いをして。「よしそれじゃあ」っつって、「あそこで歩いている旅人の、あいつのコートをどっちが先に脱がそうか」と。で風がピューっとふくわけね。そしたら、余計コートをこう着《き》ちゃうわけ。そしたら、次は、お日さまがさ、ぽかぽかぽかぽか温《あたた》めるわけ。そいで「あー暑い」っつってコートを脱ぐわけね。

（令和6年8月3日採録）

# 25　一休《いっきゅう》さんの頓智《とんち》㈠　このはしわたるべからず

髙橋　とみゑ（柴）

一休《いっきゅう》さんのは、和尚《おしょう》さんが「この橋《はし》を渡っちゃいかん」って言《ゆ》ったもんで、ほいで、そういうお触《ふ》れがあっただかなんだか知らんけど。そうだに、一休《いっきゅう》さんは、端《はし》っていうと、くろのこと。だで、真ん中通《とお》ってきたって。

で、「どうして、『はしを通《とお》っちゃいかん』っちゅって言《ゆ》っただ」。その橋《はし》と、くろのほうの端《はし》とは、なんか頓智《とんち》がきいてるもんで。真《ま》っすぐ、その真ん中を通《とお》ってきたって。で、「『くろを通《とお》っちゃいかん』っちゅうことだと思ったで、真ん中を通《とお》ってきた」っちゅって言《ゆ》ったって。

（令和6年8月3日採録）

※「くろ」…遠州の方言で「端《はし》」や「隅《すみ》」のこと

# 26　一休《いっきゅう》さんの頓智《とんち》㈡　このはしわたるべからず

酒井　金子（大地野）

ほら、橋《はし》、「このはしを渡るでない」って言《ゆ》って。言《い》って、一休《いっきゅう》さんは「わかりました」って言《ゆ》って。ぜったいこの橋《はし》を渡らないと、自分のところには来られないから。で、「このはしを渡るでない」っていう看板を、立て看板を立てたのね。そうすと、一休《いっきゅう》さんは、平気でその橋《はし》を渡って。あれは誰と頓智《とんち》比べをしてたのかしら。で、平気で渡っていったのね。「『このはしを渡るでない』と書いてあったではないか。なぜ渡ってきたのだ」って。「はい、端《はし》を渡らないで来ました。『はしを渡らないでください』って書いてあったから、真ん中を渡ってきました」っていう頓智《とんち》。

（令和6年6月8日採録）

## 27　皆殺《みなごろ》し半殺《はんごろ》し

大平　洋一（大地野）

旅人が、こういう民宿に泊まるわけ。でそれでそのおじいさんとおばあさんが、「泊まってくれた」っちゅうわけで、「おじいさん、今日は、料理何しようか」って相談してるわけ。そんときに「そうだなー。何がよかろっかなー。皆殺《みなごろ》しにする？　いやいや皆殺《みなごろ》しよりかは、半殺《はんごろ》しのほうが良くないか？」っちゅって言《ゆ》うわけ。それがその旅人が聞いて、怖くなって皆で逃げ出したたって。

そいでそれがさ、そこでいうと、皆殺《みなごろ》しっちゅうのは、お米を全部殺しちゃうわけ。で、餅《もち》にしちゃうわけ。だから餅《もち》のことなんだよ。で、半殺《はんごろ》しっちゅうのは、半分殺すわけ。なんで、おはぎ、あんころ。だで、それを相談してたわけ。みんなで大笑いしたって。「なんで逃げるよー」っちゅって言《ゆ》って。「だってあんたたちが『皆殺《みなごろ》しにするか、半殺《はんごろ》しにするか』って」。それが皆殺《みなごろ》しと半殺《はんごろ》し。

（令和6年8月3日採録）

# 28　半殺《はんごろ》し皆殺《みなごろ》し

高橋　とみゑ（柴）

その半殺《はんごろ》しっていうのは、皆殺《みなごろ》しっていうのは、その、あれだっちゅったね。あの、旅館《りょかん》へ、お客さんとして泊まったら、その旅館《りょかん》の衆が「半殺《はんごろ》しにするか、皆殺《みなごろ》しにするか」っちゅって言《ゆ》ったもんで。その泊まった人が、「自分を殺されんか、はあ」って、ビクビクしてたって。

で、皆殺《みなごろ》しっちゅうのは、お餅《もち》に搗《つ》いて、お米の、お米みたいな形がないようにする。半《はん》殺《ごろ》しっていうのは、おはぎで、柔らかいとこもあるし、まだお米の部分もあるっちゅうのをいう。それを半殺《はんごろ》しと皆殺《みなごろ》しって。

（令和6年7月6日採録）

## 29　牡丹餅《ぼたもち》は蛙《かえる》

石野　恵子（西神沢）

あのねえ、牡丹餅《ぼたもち》作って、隣のおばあさんのとこにあげたんだよね。そうしたら、「おじいさんの帰ってくる前に」っつって、一つ食べたらおいしかったから、次のも食べて、全部食べちゃったから、「ああ、おじいさんのが、じいさんのがなくなっちゃった」っつって。で、そこにいた蛙《かえる》捕まえて、ちょっとこうやって丸めといて。で、じいさん食べようと思ったら、跳《と》んで逃げちゃったから、「おぼた跳《と》ぶなよ、こんこが落ちる」なんとかっつってね。「おぼた跳《と》ぶなよ、こんこが落ちる」。だけど蛙《かえる》だから、跳《と》んでっちゃうんだよね。

（令和6年8月4日採録）

# 伝説

1

# 弘法大師《こうぼうだいし》とお茶《ちゃ》（石打春野《いしうちはるの》の由来《ゆらい》）

大城　行子（大栗安）

石打《いしうち》の春野《はるの》っていうところがあるんです。私は春野《はるの》の出身ですが、龍山《たつやま》のほうから来て、一番はじめの集落なんですが。そこはね、なんだっけ、弘法大師《こうぼうだいし》かな。弘法大師《こうぼうだいし》が旅をして歩いて、そのときに「あったかくていいから、ここは春野《はるの》だ。それでお茶を作ったら」っていう話だって。

（令和6年6月29日採録）

# 2　鳳《ほう》長《ちょう》源《げん》と大栗安《おおぐりやす》の棚田《たなだ》

鈴木　芳治（大栗安）

棚田《たなだ》に関してはね、お米を作るのに苗代《なえしろ》つって、田んぼ起こしちゃって、代掻《しろか》いちゃって、直《じか》に蒔《ま》いて。で、その籾《もみ》から出た苗《なえ》を、また束《たば》ねて、それをまた他の田んぼへ植えてっていうやり方。ここの棚田《たなだ》の作り方としては、その作り方を伝えたのが、鳳長源《ほうちょうげん》っていう侍《さむらい》が伝えたといってるのね。で、たくさんお米が穫《と》れたもんで「ホウホウ作り」だっつって、そういう言い伝えが伝わってて。だもんで、そっから「ホウホウ作り」っていう言い方をしてるんだけどね。お米たくさん穫《と》れて「ホウホウ」言《ゆ》うのと、鳳長源《ほうちょうげん》の「鳳《ほう》」とをかけて「ホウホウ作り」。

（令和6年8月4日採録）

大栗安の棚田

## 3　しっぺい太郎《たろう》と柴《しば》のシッペノ

村松　裕二（市場）

しっぺい太郎って、長野のお寺にそういう犬がいて。ほいで、磐田《いわた》の見付《みつけ》で、なんか妖怪《ようかい》が暴《あば》れてるもんで、妖怪《ようかい》を退《たい》治《じ》するために、磐田《いわた》から長野へ、そのしっぺい太郎っていう犬を連れに行って。それで、その犬が来るときに泊まったのが、あそこにシッペノっていうとこあって、しっぺい太郎がそこへ泊まったもんでシッペノっていう名前んなったっつって。

そいで、磐田《いわた》に行って、それで妖怪退治《ようかいたいじ》して、それで長野に帰る途中に、観音山《かんのんざん》だかそこら辺《へん》で死んじゃったもんで、その妖怪《ようかい》と戦ったときの傷がもとで。だんで、観音山《かんのんざん》だかにしっぺい太郎のお墓があるだかって。

（令和6年6月15日採録）

柴のシッペノと秋葉街道

## 4　観音山《かんのんやま》のしっぺい太郎《たろう》と柴《しば》のシッペノ

高橋　とみゑ（柴）

私らが聞いてる話は、「磐田《いわた》の天神《てんじん》さまで、なんか狒々《ひひ》だかが出て、農作物を荒らすで」っつってていうのがあって。それを「じゃあ、うんと強いしっぺい太郎《たろう》がいるで」っつって、お坊さんが連れて、狒々《ひひ》退治《たいじ》に行って。

それで、その帰りに観音山《かんのんやま》で一休《ひとやす》みしてるときに、その休んだ木の上に大蛇《だいじゃ》がいて、それで、それでね、その犬がそのお坊さんに知らせるために、すごく鳴いただか、着る物引っ張っただかっちゅって、ほいで、「うるさい」って言《ゆ》って、刀でね、ダンッてしっぺい太郎《たろう》の首を刎《は》ねたんだって。そしたら、その首が大蛇《だいじゃ》に噛みついて、それでその大蛇《だいじゃ》がバタンと落ちて、っちゅう話だったただよ。

そのときの犬だかがここへ通《とお》って。だもんで帰りに殺されたなら、行くときに通《とお》ったじゃんね。

（令和6年6月22日採録）

## 5　峯熊荒神《みねくまこうじん》（一）

太田　さをり（峯）

荒神《こうじん》さまって言うんだけど、この地域が、そういう荒神《こうじん》さまのお陰で、けっこう栄えてるでもないけどまあ昔にしたら皆《みな》なんとか暮らしてきたんだけども。それを隣村《となりむら》の人がやっかんで、その荒神《こうじん》さまの、なんだろうなぁ、獅子頭《ししがしら》かな、それを盗んで行っちゃったと。そしたらこっち、すごい廃《すた》れちゃって。持ってったほうのところでは栄えてきたんだけど、なんか、夜《よる》、夜《よ》な夜《よ》な暴《あば》れまわるとか、そういうふうになって。で、こっちへ帰してよこして。なんか、暴《あば》れまわるから、鎖《くさり》で繋《つな》いで、なんか今もなんかこう鎖《くさり》、なんか繋《つな》ぐようなあれがあるよって言《ゆ》ってた。祀《まつ》ってあるよって言《い》ってた。

（令和6年6月8日採録）

# 6 峯熊荒神《みねくまこうじん》 (二)

峯熊荒神の祠

岩田　とみゑ（峯）

ここは荒神《こうじん》さまに護《まも》られてすごい裕福《ゆうふく》だったの。だから、隣《となり》の村がやっかんで、盗んじゃって、連れてっちゃった。そしたら、もうこっちがものすごい荒れちゃって、で、逆に向こう、裕福《ゆうふく》になったんだけど、病気がすごい出ちゃって。で、その原因が、荒神《こうじん》さまが「熊《くま》に帰りたいよー」って言《ゆ》って。で、また取り返して、なんとか若者が行って、取り返して、今度は盗まれないようにした。

（令和6年6月1日採録）

# 7　大地野《おおちの》の飛《と》び天神《てんじん》

大平　洋一（大地野）

空を飛ぶ天神《てんじん》さまってね。それは昔、光雲寺《こううんじ》っていうお寺に天神《てんじん》さまが祀《まつ》られてたの。それでそこに、火事になったの。天神《てんじん》さま、光雲寺《こううんじ》が。そいで、火事が収まってから、みんなで「天神《てんじん》さまどうなったかいな」って思って、みんなで探したの。でもないわけ。そしたら、ここからね、しばらく行ったとこに、山の上に、天神《てんじん》さまがあったの。火事を逃げてそこに来たって。それで飛んできて、飛び天神《てんじん》。それで、それがそこから「あっ、こんなところにいた」っつって。そいでそこのところに祠《ほこら》を作って、今、お祀《まつ》りした天神《てんじん》さまを。で、そいでそこの場所を天神森《てんじんもり》っちゅう。今でも言《ゆ》うんですって、あそこを天神森《てんじんもり》って。で、天神《てんじん》さまを祀《まつ》ったお宮がある、小さなね。天神森《てんじんもり》っていう地名があるんだよ、ちゃんと。

（令和6年8月3日採録）

## 8　箒木山《ほうきぎやま》の大蛇《だいじゃ》

大栞　嗣雄（市場）

大蛇《だいじゃ》はねえ、箒木山《ほうきぎやま》、箒木山《ほうきぎやま》っつってねえ、一番高い山があるだよ。そこっから大きな蛇が、出てきて。坂野《さがの》の大岩久保《おおいわくぼ》へ来て、休んで。それで、それを越えて行って、んで、黒《くろ》滝《たき》の不動《ふどう》さまへ寄って。それで、大日山《だいにちさん》へ行って。大日山《だいにちさん》から、今度はもう観音山《かんのんざん》っていう山があるだよ上阿多古《かみあたご》で。そこへいつも通《かよ》ったらしいだよね。

（令和6年6月15日採録）

## 9　沢丸《ざわまる》の子持渕《こもちぶち》

太田　隆子（沢丸）

子持渕《こもちぶち》っちゅうのがすぐそこにあるだけど。子持渕《こもちぶち》っちゅうのはね、お腹に子どももあった人が、身を投げて死んじゃっただって。だから子持渕《こもちぶち》って言《い》ったじゃないかって。それは言い伝えで。

（令和6年7月6日採録）

# 10 石打《いしうち》の長者渕《ちょうじゃぶち》

長者渕

長田　敏明（石打）

そこの橋の、橋を山へ入ったら、道が、道路があるだよ、橋の手前にね。そこの道路のずっと奥の山手《やまて》に長者屋敷《ちょうじゃやしき》っていうのがあって、そこに長者さんが住んでいて。

それで、火事になったらしいだよね、この家がねえ。それで、金《きん》の茶釜《ちゃがま》があったらしいだよ。金《きん》の茶釜《ちゃがま》。それをね、抱えて、逃げて来て、ほいで、長者渕《ちょうじゃぶち》っていう渕《ぶち》が、あそこに橋かかってるねえ、その橋のちょっと上《かみ》にあるだよ。その渕へ投げ込んで、それで逃げたって、茶釜《ちゃがま》を投げて。ほいで、今でもそれ、透けて見ると、金《きん》がキラキラ光《ひか》って見えるって。だもんで今も長者渕《ちょうじゃぶち》って。

（令和6年6月22日採録）

# 11 平家《へいけ》の落人《おちうど》と沢丸《ざわまる》の女郎岩《じょろういわ》

沢丸の風景

太田 隆子（沢丸）

うちの山でね、ちょっと見えないんだけど、奥にね、山があるんですけど。そこにね、女郎岩《じょろういわ》っちゅってね。女のね、女郎《じょろう》。これはね、身分の高いね、平家《へいけ》の落人《おちうど》、身分の高い平家《へいけ》の落人《おちうど》がね、鏡《かがみ》で髪の毛を結《ゆ》ったっていう伝説がある。今ありますよ、わりと大きな岩。

だからここは平家《へいけ》の落人《おちうど》がね、逃《のが》れ逃《のが》れて来たって。それは、昔から伝説がある。だんだん逃《のが》れ逃《のが》れてきて、この集落《しゅうらく》を作ったたって。

（令和6年6月22日採録）

# 12 大地野《おおちの》の平家落人《へいけおちうど》

大地野の風景

髙橋　和雄（大地野）

この大地野《おおちの》のはじまりをね。それは、平家《へいけ》が負《ま》けて、落人《おちうど》になって、そこら中彷徨《じゅうさまよ》ってきて、来た途中《とちゅう》に見つけたのが、西代《にしんしろ》っつって。水があっただね。水がなけにゃいれんもの。それで、西代《にしんしろ》で、二軒だか三軒だか、家《うち》をつくっただよ。それが大地野《おおちの》のはじまり。

落人《おちうど》がね、彷徨《さまよ》ってきて、それで居着《いつ》いたって。だで、われわれ子孫は平家《へいけ》の落人《おちうど》かもしらんだ。

（令和6年8月3日採録）

13

# 檜曽礼《ひのきぞれ》の毛利《もうり》の落人《おちうど》

檜曽礼の風景

大城　光弘（大栗安）

神明山《しんめいやま》へ落《お》ち人《びと》が住み着いて。それで開拓《かいたく》をして、それで住んどったと。で、そこにはね、今でもね、石垣でね、こう石垣を積んで、それで屋根をして、それで住んどったらしい。とにかく石垣の跡だけははっきりあったね。それがね、毛利《もうり》かね、なんかね、とにかく落《お》ち人《びと》。隠れて、隠れ住んだと。それで、それが、キノコ中毒で、一家全滅《いっかぜんめつ》しちゃったと。

（令和6年6月29日採録）

## 14　徳川家康《とくがわいえやす》と柴《しば》の歳取岩《としとりいわ》

大石　顕（柴）

この辺《へん》だとな、このすぐ向こうの下《した》の山にさ、徳川家康《とくがわいえやす》がどっかの戦争で負けて、逃げてきて。一晩《ひとばん》、暮《く》れに、そこで湯を沸《わ》かして。そこに歳取岩《としとりいわ》っていう岩あるだけどさ。そういう伝説の岩あるだけど。歳《とし》を越したもんで。

この下《した》に上沢丸《かみざわまる》っていうバス停があるだけどさ、バス停から一本杉《いっぽんすぎ》のトンネルんとこ、旧道があったもんで、そこ抜《ぬ》ける途中《とちゅう》にある。

（令和６年８月３日採録）

15

# 大地野《おおちの》の咳取岩《せきとりいわ》

大地野の咳取岩

**藤原　昌仁**（大地野）

昔ね、旅人《たびびと》で、すごい財産家《ざいさんか》の旅人《たびびと》が通《とお》ってね。で、そこで、まあ咳《せき》だか風邪《かぜ》だか何かで重くなっちゃって、その岩の前で亡くなっちゃったらしいんだよね。だからその財宝《ざいほう》は、そこでそのまま残って、まあようするに埋《う》まってるっちゅうだかね、いるらしいんだけどね。

まあ祠《ほこら》もあるし、そういうところだもんだから、祟《たた》りがね、「いじったりすると祟《たた》りがあるから」っていうことで、誰もその後《あと》、土地の人はね、掘《ほ》ったりはしなかったらしいんだけどね。

（令和6年6月8日採録）

# 16　柴《しば》の七人塚《しちにんづか》（一）

高橋　とみゑ（柴）

昔、ここでなんか斬《き》り合いがあって。先来た人だか、後から追っかけてきただか、知らんけど、なんか喧嘩《けんか》になって。七人《ななにん》、七人《ななにん》が、とにかく殺された。

それで、その死んだ人の霊みたいなのが「浮かばれん」ちゅって。このおじいさんが若いときに神主《かんぬし》さまっちゅっか、昔は拝《おが》むっちゅっかさ、そういう人に見てもらったら、あの亡霊、亡霊じゃないか知らんが、「浮かばれないで」っちゅって言《ゆ》ってるで、で、こういうことがあったっていう印《しるし》みたいなのをね、お墓っちゅっか、七人塚《しちにんづか》っていうのを作ったらしい。

（令和6年7月6日採録）

# 17 柴《しば》の七人塚《しちにんづか》(二)

柴の七人塚

大石　堅司（柴）

これがさあ、この五十メータークらい行くと狩場《かりば》があって、七人塚《しちにんづか》ってあるだよ、七人塚《しちにんづか》。この東屋《あずまや》っちゅうとこでさ、ヤクザ風の男が七人《しちにん》だか泊まってて、後《あと》から誰かそこへ追手《おって》が来て、そこで喧嘩《けんか》になって、七人《しちにん》殺されたっちゅうわけ。そのお墓がそこにある。

（令和6年8月3日採録）

## 18 新切《あらぎり》の七人塚《しちにんづか》 (一)

新切の七人塚

新木　輝辰（大栗安）

新切《あらぎり》のなんちゅう人だかちょっと覚えんないだけど、なんか新切《あらぎり》の人たち、人たちっちゅうだかさ、グループと、神沢《かんざわ》のグループで、なんか、こう争いがあったらしいだよね。それで新切《あらぎり》で争いをして、それでまあ、新切《あらぎり》の人たちが勝って、その人たちを殺しちゃった。それが塚になった。それが七人塚っちゅう。

（令和6年8月3日採録）

# 19 新切《あらぎり》の七人塚《しちにんづか》 (二)

大粟　透（大粟安）

俺の在所《ざいしょ》が石野家《いしのけ》っていう豪族《ごうぞく》だよ。おおぜい部下《ぶか》を連《つ》れたお侍《さむらい》さん。偉《えら》そうにしてたんだなあ。それで、新切《あらぎり》に、あの人は荒木《あらき》さんっていう豪族《ごうぞく》がいて、やはりたくさんの子分を従えて都落《みやこお》ちして住んでいて。

で、いろいろやってるうちにお互いに「許せん」ちゅうわけで、刀で斬《き》り合ってね。で、人が死んで。で、草っぱらにごろんと転《ころ》がっている石もあれば、ちゃんとした石塔《せきとう》もある。

（令和6年8月4日採録）

# 20　大栗安《おおぐりやす》の首切《くびき》り地蔵《じぞう》㈠

大栗　透（大栗安）

昔ね、シダノクボという暗い窪《くぼ》があったの。シダノクボって言《ゆ》ってね、シダがいっぱい生えててね。こんな大きな杉の木がいっぱい生えてる谷があってね。急な坂なんだけどね、そこにね、お地蔵《じぞう》さんが祀《まつ》ってあるんだよ。でね、今もあるんだよ。それが首取られちゃったもんで、首切り地蔵《じぞう》さまになったけど。

昔々ね、大栗安《おおぐりやす》のね、内熊《うちぐま》というところに、真《ま》っ暗《くら》な杉と桧《ひのき》、そういうものに覆《おお》われた森がありましたと。そこを一本の街道《かいどう》が通《とお》っていて、村人たちは、昼間はそこをいつも使っておりましたが、夜になるとお化《ば》けが出るという噂《うわさ》がたかくて、誰も通る人はなかった。

ところが、あるときにね、地元に住んでいたお侍《さむらい》さんが、熊《くんま》のお酒かなんか飲んで遅くなっちゃって。何もかも熊の街の中にあったもんでね、商店も。で、帰ってきたら、その谷まで、暗くなってから、通りかかったと。

そうしたら、突然ね、大きな女がフワーっと現《あらわ》れてね、前へ。覆《おお》いかぶさってきたって。「おのれ、これが噂《うわさ》に出てるお化《ば》けか」ってね。「俺は刀《かたな》を持ってる」って、刀《かたな》を抜いてね。「えーい」ってやったらね、「ぎゃー」って倒れちゃった。ほれで、斬《き》ってはみたけど、おっかなくなって、すぐ下《した》に家《うち》があったもんで、飛び込んじゃったって。家《うち》に帰って、それで何かの顔して夜は寝たと。

で、朝、夜《よ》が明けるのを待ちかねて、また刀《かたな》を差して、急いで出てきたって。そうしたらね、どこにも女の死んだ姿はなかった。そのかわりにね、いつもはちゃんといったいに座っていた、これぱっかりあるお地蔵《じぞう》さまが、首が転がり落ちてったって。「さては、この人の化《ば》けた姿なのか」と。それで村人に相談して。それでも「お地蔵《じぞう》さまの首を斬《き》ってね、転がしておいたじゃ申し訳ないで、もういっぺん祀《まつ》ろうぜ」って皆《みんな》でお祀《まつ》りして。

（令和6年7月13日採録）

21

# 大栗安《おおぐりやす》の首切《くびき》り地蔵《じぞう》（二）

大栗安の首切り地蔵

大城　行子（大栗安）

女の人が、夜出て。それで斬《き》ってしまったら。妖怪《ようかい》がよく出るって言《ゆ》ったでしょ。で斬《き》ってしまったら、それから出なくなって。それがお地蔵《じぞう》さんだって。

お地蔵《じぞう》さんが、首が、あの胴体と離れてるお地蔵《じぞう》さんがあって。現にあそこにあるんですよ。それでね、そのお地蔵《じぞう》さんが、で彦兵衛《ひこべえ》って人が、昔の、で斬《き》ったって。

で、その彦兵衛《ひこべえ》さんが住んでたのが、彦兵衛さんはその当時の庄屋《しょうや》さんってのがあちこちにあったみたいですが、庄《しょう》屋《や》さんで、その人が住んでた家《うち》がここなんだって。偶然《ぐうぜん》だね。ここなんだって。

（令和6年6月29日採録）

# 22　大栗安《おおぐりやす》のおつねの墓《はか》（一）

大桒　透（大栗安）

おっかねえ話ひとつある、ここに。おつねさんっていう女の人がいてねえ。おつね墓《ばか》ってあるんだよ。おつねさんのお墓が。村の人に殺されちゃったんだよ。そんなことがあった。でね、俺ねえ、会議に出てたときにね、あるお年寄りがね、「こんなものがある」っつってね、巻紙を持ってきたの。それはね、磐田《いわた》の代官所に出したね、訴状《そじょう》でね。「私どもの村ではね、こういう暴《あば》れ者の独り者の女がいてね、手がつかない」と。つい先だっては、ある家の花嫁衣裳《はなよめいしょう》を勝手に、農繁期《のうはんき》だもんで勝手に入って着て、泥だらけの田んぼを歩きまわっちゃった。なんで皆《みんな》怒り心頭《しんとう》じゃんな。お金はないのに、そういう。で、そうでないときはね、農繁期《のうはんき》のときはね、ご飯なんか平気で盗んで食べちゃう。で、大女《おおおんな》で力持《ちからも》ちだったたって。

それがね、その訴状《そじょう》はね、「とても困っているので、私どものほうで措置《そち》してよろしゅうございますか」っちゅう手紙。そうしたらね、その返事もあってね。「認める」と。そんでね、穴を掘ってね、おびき寄せてね、落としてね。そこに石から何かみんな放《ほう》り込《こ》んでね、埋《う》めちゃったんだって。

おつねの墓って言《い》うんだけどね。それはね、滅多《めった》人に話せるような話じゃないだよなあ。

（令和6年7月13日採録）

大栗安のおつねの墓

# 23　大栗安《おおぐりやす》のおつねの墓《はか》（二）

大城　行子（大栗安）

家《うち》のおじいちゃんがよく言《い》ってたけど、なんかね、悪いこと、それこそ泥棒《どろぼう》に入ったり、まあ女盗《じょとう》だでそうだけど、とにかく悪いことをする女の人だったみたいの。で、皆《みんな》で「もうこれは困るで、懲《こ》らしめなきゃ」って言《い》って、なんか磐田《いわた》の代官所へ、見付《みつけ》かな、申し出たら、「まあ、罰《ばっ》しても良《い》い」っちゅうことで、皆《みんな》で生き埋《う》めにしちゃったんだって。

現にね、栗砦館《りっさいかん》の上《うえ》のほうに登っていくと、そこが、おつねの墓っていうのがあるみたいで。なんかね、主人が言《い》うには、おつねの屋敷《やしき》だかつって、家《うち》があったところ、今はどっかの家《うち》の畑だかなんかなってるみたいだけど。そこも、それがそうだって言い伝えはあるって。

お墓あるんだって、まあ誰もね、そういう人だから。それこそお花も、お花もね、供《そな》える人はないけども、そうなんだったって。とても悪いことをした人だって。

（令和6年6月29日採録）

柴の鏡石

# 24　柴《しば》の鏡石《かがみいし》（一）

大石　顯（柴）

ほんとは、あの鏡石《かがみいし》はさ、もっと上にあったたって。山の頂上《ちょうじょう》にあって。あっただけど、遠州灘《えんしゅうなだ》で漁をする漁師が、光《ひか》って、ひずるしい、あの、ここらでひずるしいっちゅうだけど、眩《まぶ》しくて、「漁ができんで下《さ》げてくれ」っつって。そいで、こうあそこへ下げてきたって。

（令和6年8月3日採録）

# 25　柴《しば》の鏡石《かがみいし》　㈡

太田　隆子（沢丸）

鏡石《かがみいし》は、浜名湖《はまなこ》のほうで、船で渡るときにね、ここが、遭難《そうなん》しないように光ってくれたもんだから、その光を頼りに船は運航《うんこう》したって。それは柴《しば》の人たちに聞いたけど。だからあの人たちはねえ、鏡石《かがみいし》をねえ、祀《まつ》ってあるよ。ちゃんとねえ、しめ縄《なわ》で。ほんでちょっとお花も飾ってあった。

浜名湖《はまなこ》の船が遭難《そうなん》しないように、鏡石《かがみいし》の光がね、あれしたってね。

（令和6年8月3日採録）

# 世間話

## 1　高平《たかったいら》の神《かみ》さまに満州《まんしゅう》で助《たす》けられた話《はなし》

大棗　透（大栗安）

その方《かた》はね、竜川《たつかわ》の、横山《よこやま》の人なんだけどね、何年も仕事しに来てくれたんだ、冬。で、山を完成させて、さよならしたんだけど。あるとき、昼飯を食った後でね、「俺はね、満州《まんしゅう》で不思議な体験をした」って。

それで、満州《まんしゅう》へね、駐屯《ちゅうとん》する軍に入ってたんだって。そしたら、満州《まんしゅう》って広大《こうだい》な原野《げんや》で、茅《かや》や枝《えだ》ばっか生えてるようなの。狼《おおかみ》がね、夕方になるとね、夜中になると、他の人からも聞いたけどね、「すげーぞ、夜になると狼《おおかみ》だらけだぞ」なんて。

で、その人こう言《い》った。中隊長から呼び出されて、「おまえ、すぐ東に行ったとこに他の友軍のテントがあるから、そこへちょっと伝令《でんれい》行ったれ」って言《い》われて。「わかりました」。命令だもんで、敬礼《けいれい》して「はい、わかりました」って。封筒貰《ふうとうもら》って、「では、行って参ります」って行ったんだって。で、言《い》われたように道がわかったもんで、スイスイ行って、一時間半か走って、辿《たど》り着いて。で渡したら、「少し休んでけ」っつって、まあ多少のお茶菓子なんか貰《もら》って。

で、「じゃあ暗くならんうちに帰ります」で敬礼《けいれい》して出発したら、あのね、人間ってよくやる、山でもやるんだけどね、こっちから通《とお》ってくるときにね、山をかきわけて通《とお》るときには、通《とお》りやすい道があるように見えてもね、向こうから帰ってくるとね、どこでだったかわからないとこいっぱいある。案の定ね、「あれ、俺はこっから先どっち行くんだろう」なっちゃった。「ああこれは、俺も満州《まんしゅう》の原野《げんや》で命を失うなあ」って、若いのに。それらしい方向向いて、磁石で測りながら歩いてたって。

で、いつの間にか前を一人の男の人が歩いてたって。それでね、「どちらさまですか」っつったら、「俺は日本人だよ」で「あんたの帰る原隊《げんたい》はわかってるから、俺が連れてってやるよ」「本当ですか」ったら、「本当だよ、だから信用してついてきなさい」と。黙々と歩いたって、暗い道を。そしたらね、じきに友軍のキャンプサイトが見えてきてね、明々《あかあか》と、明かりがね。明かりがついたり、火を燃やしたりするじゃん。「はあ俺も生き返った」で「ありがとうございました。どちらさまでしょうか」って言《い》ったら、「俺は高平《たかったいら》のこういうもんだ」って。それがね、立派な祠《ほこら》があるんだよ、道路辺りに。そこのね、神さまと言《ゆ》ったと。それで最敬《さいけい》礼《れい》で頭を下げて、お礼を言《ゆ》って自分の陣地へ辿《たど》り着いたって。そしたら、その人はそういって行っちゃったって。そういうことあるんだよ。

で、それね、そこのお地蔵《じぞう》さまだかがね、ちょっと普通のお地蔵《じぞう》さまとは違うんだよ。何でかっつったら、祠《ほこら》が一つでね、小さい祠《ほこら》もあるしね、岩谷《いわや》の中にね、他のお地蔵《じぞう》さまも立ってるんだよ。三つくらい立ってるんだよ、違うお地蔵《じぞう》さまが。うんと大事《だいじ》にするんだ、そこは。そこの神さまだって。

（令和6年8月4日採録）

## 2 熊平《くまだいら》の庚申《こうしん》さま

熊平の庚申さま

**熊平　一吉（熊平）**

あそこに祀《まつ》ってあるだけど。そこの庚申《こうしん》さまってあるんだけど、その庚申《こうしん》さまはね、子どもたちが行って、遊んで、なんか、その仏像みたいな石を触って、なんかした、あれして遊んだらしいだね。そうしたら、その夜《よ》、その突然、熱が出ただ。ほいで、原因はまったくわからない熱が続いて。「こりゃ何かあった」っていうことで、近所の人たちが心配して、子どもに話をしたら、「実は庚申《こうしん》さまんとこで遊んだ」と。「あっ、そいじゃそれが祟《たた》りだ」っていうことで、近所の人たちで庚《こう》申《しん》さまを祀《まつ》って。祀《まつ》ったら、それこそ熱がすっと引いたとゆうことだよ。で、そういう話だよ、そこの庚申《こうしん》さまは。

（令和6年6月8日採録）

# 3　六郎沢《ろくろうざわ》の白山権現《はくさんごんげん》

金田　さだ子（六郎沢）

私が、その当時は健康で、足も何も痛くなかったけど、突然、足が痛くなって。それから、なんか自分に「悪いことしたのかなあ」と思って、いろいろ考えたところが、毎年お父さんが、暮れとお正月は、お祀《まつ》りっちゅっていいかね、お供え持ったり、お参りに行ってたんだけど、もう二月だか三月のすごい荒れた天気があったの。そのときに、その明くる年に急に足が痛くなったもんで、まあ自分も、多分ね、そこの権現《ごんげん》さまお参りしてないから、「ちょっとお父さん、車で行って拝んで来ようよ」っつって、行ったのがきっかけで。

ちょっと登ってったら、まあすぐわかって。神さまの社殿がひっくり返ってたの。それだもんで、「ああ、これで私の足が痛くなって、神さまが知らせてくれた」っちゅっていいかね、「家《うち》の人に、お父さんらに知らせてくれた」っちゅうのがわかって。それから、もうそれがわかった時点で、足が痛いのが治まりました。

そいでもう、お父さん一人じゃどうしようもないもんだから、もう本当に真っ逆さにひっくり返ったというかね、屋根が。ほいだもんで、息子頼んで、息子にちょっとまた直してもらって。それから今度は、二人で起こすっちゅうのもとても重いもんだから、近所の人が手伝いに来てくれて、それで、元の位置へあれしたけど。神さま自体は、もうそのまま、小さな祠《ほこら》だけど、そのままでおったけど、その社殿自体が仰向けになってたの。ほいでその近くにあった木も、まあ腐ってる原因もあったけど、ちょっと倒れてたりしたけど。ほいでもまあ「これで原因がわかって良かったね」っつって、そういうときがありました。

（令和6年8月4日採録）

# 4　櫛山《くしやま》の山《やま》の神《かみ》さま

新木　輝辰（大栗安）

いつの日だか知らんけども、その山の神さまっちゅうのは、今も集落のね、一番高いとこに、標高でいったら結構《けっこう》高いとこにあるもんだから。その一番高い家《いえ》からね、そうだな、五十メートル、六十、七、八十メートル上かな。櫛山《くしやま》の中でも西山《にしやま》ちゅうだけど、西側の山のてっぺんにあるもんで、神さまが。祠《ほこら》がね。

ほいで、まあ、昔、また昔の話に戻るけど。昔、やっぱりそういうことで非常に高くて遠い。ほいで道も険しいもんだから、行くのに、あーしんどいっちゅうだかね、辛《つら》い。なんちゅうの、疲れるっちゅうかさ、くたびれちゃう。それで、「あー、こりゃあ、何とかしにゃかん」っちゅうことで。神さまを下に降《お》ろした。集落の、すぐそばにね。そしたら、皆《みんな》行くに、お祀《まつ》りするのに楽じゃない。っていうふうに、下げたんだって。

そしたら、今言《い》ったような、集落の中に流行《はや》り病《やまい》が、赤痢《せきり》だか疫痢《えきり》だか、何だかわからんだけれども、まあそういうものが流行《はや》ってしまったと。それで、神さまっちゅうか、神主っ

「それは山の神さまの祟《たた》りである」と。で、「それをまた元へ戻しなさい」と。で、今の高いとこへ戻してやったら、それが収まったって。ちゅうかね、そういう人に見てもらったら、

（令和6年8月3日採録）

## 5 狐《きつね》に憑《つ》かれた話《はなし》(一)

石野　文男（西神沢）

あるお家《うち》の話はね、子どもが四歳か五歳だと思うだけど、寝込んじゃったのね、熱出《ねつだ》して。で、原因不明だよね。ほいで、そうやっていたら、突然ね、「みんな美味《おい》しいもの食べてるねー」って言《ゆ》ったってさ。寝てるんだよ。で、二部屋くらいこっちの台所《だいどこ》で食べてるのがぜんぶわかる、子どもが。ほいでそれこそ、禰宜《ねぎ》さまじゃないけど、そういう祈祷《きとう》とか、神主さんに見てもらったら、「狐《きつね》だね」っつったって。狐《きつね》。だもんで一応こう、その家中《うちじゅう》の東西《とうざい》南北《なんぼく》お札貼《ふだは》ってね、天井もお札貼《ふだは》って、ほいで、みたんだけど、良《よ》くならん。もっと位《くらい》の高い人に見てもらって、そしたら、「御膳《おぜん》にね、お皿載《の》せて、油揚げを、この方向へ持ってって、納めてこい」っちゅわれた。それから「振り返っちゃいかん」っちゅわれて。昼間だよ、昼間。それをやって、ずっと持ってたの。途中でね、お盆がひっくり返された。油揚げなかった。で怖くて帰ってきて、そしたらその子どもが良《よ》くなった。それはね、おそらく信じてもらえないんだろうけど、実際の話。

お祓《はら》いして、お札《ふだ》までやったんだけど、強すぎて、出てかないんだよね。位《くらい》の差だよね。狐《きつね》の霊力だかなんだか知らんけど、その祓《はら》う人との。もう一つ上《うえ》の人頼んだら、祓《はら》えたと。これは、おそらく人に話したって、「そんな馬鹿《ばか》な」っちゅう話なんだけど。だって寝たきりの子どもが台所《だいどこ》にいて何を食べてるかってぜんぶ当てるっちゅうのがおかしいだよね。だからちゃんとした人に祓《はら》ってもらえれば、祓《はら》える。それはね、やっぱね、尻尾九本《しっぽきゅうほん》、九《ここの》つだって言《ゆ》ったたって。その祓《はら》ってもらった人が。

（令和6年7月13日採録）

# 6　狐《きつね》に憑《つ》かれた話《はなし》㈡

石野　文男（西神沢）

長く寝たきりの老人みたいのは、狐《きつね》が憑《つ》くっちゅうでね。寝たきりで動けない人が、ご飯を普通の青年よりたくさん食べると。だけど出ない。大も小も出ない。毎日三食、普通に食べるんだけど、出ない。狐《きつね》だって。で、その寝てる人がぽつんと言《ゆ》うのは「子どもたちが大きくなったよー」って。だから、その狐《きつね》の子どもたちを育ててるっていうこと。そういう話はあるね。

不思議なんだけど、ほんとにね、三食普通に食べれるんだよ。だけど出ない。大便も小便も。不思議。ほんで、ぽつんと「子どもたちが大きくなってねー」って言《ゆ》う。寝たきりの人が。「狐《きつね》だね」って家《うち》では言《ゆ》う。だけど、それを離すと死んじゃう。お祓《はら》いかなんかしてね。「気持ち悪い」って離すと、その方《かた》亡くなる。その狐《きつね》で保《も》ってる、命が。そういう話はね、家《うち》、神主だったもんで、そんな話もある。

（令和6年8月4日採録）

# 7　狐《きつね》に化《ば》かされた話《はなし》(一)

石野　不二夫（西神沢）

俺ん小さいとき、おばあちゃんがいたじゃん。そのおばあちゃんがよく言《ゆ》ったよ。うちのおじいさんがさあ、熊《くま》のあの役場行ってたじゃん。自転車で通《かよ》ってただよ。で、帰りにさ、熊《くま》の町でさ、サンマとかさ、魚《さかな》を買ってさ、後ろの、こうやって括《くく》り付けてね、自転車の。ほんで走ってくると、あの上神沢《かみかんざわ》のあそこらに、やたら狐《きつね》がいてねえ。マセンダンのほうか。ほいでね、「魚《さかな》をよく盗《と》られた」っつってさ、そういうような話してくれたっけ。家《いえ》着いたらもうないっちゅうわけ。そう落とすわけないっつってさ。ほいで、もったないで見に行ったけど、もうないわけ。ほんでもう、夕方っていうかさあ、あれだもんで、そんな人ん盗《と》るわけじゃないもんね。「狐《きつね》に決まってる」って言《ゆ》ってねえ。

（令和6年8月4日採録）

## 8　狐《きつね》に化《ば》かされた話《はなし》（二）

金田　さだ子（六郎沢）

うちのお父さんの、狐《きつね》だかに騙《だま》されたっちゅうのは、ちょうど、ここのね、門《かど》んとこ。私もちょうど庭へ出てて、ほいで、なんか、お父さんが先出てた。「なんか音楽みたいのがあそこら辺《へん》で聞こえる」って言《ゆ》う。「ほんと、確かにねえ」っちゅって。聞こえたの。ほうしたらそのうちに、今度は、一軒向こうのあるだよ。ほいで「今度あっちのほうで聞こえる」っちゅうだ。ほいでここのとこ、はあ聞こえんくなったもんで、その前の道出たら「向こうの一軒ある家《うち》のとこで音楽が聞こえる」っちゅうわけ。ほいでお父さん一人で歩いてってあれしたら、今度また下の家《うち》あるだけど、「今度あっちのほうで聞こえる」っちゅうもんで、もう、ほいで、「もうちょっと行ってくる」って言《ゆ》うもんで、「もうそれ以上行っちゃいかんに。騙《だま》されてるかもしれんで」っつって私も言《ゆ》ってね、あれしたけどね。

（令和6年8月4日採録）

# 9　狸《たぬき》に化《ば》かされた話《はなし》

長田　敏明（石打）

俺、七十五年前くらいに、親父《おやじ》と、中学卒業してすぐぐらいに、親父《おやじ》に連れられて、大工の仕事に柴《しば》っていう集落へ行ったわけで。そして、仕事をしていると、昼間、東のほうから、太鼓《たいこ》、調子のいい太鼓《たいこ》の音がテンコテンコ聞こえてきたわけで。それで、俺はまだ子ども上がりだもんで、「ああ、神楽舞《かぐらまい》ん来た」ってわけで、喜んじゃって、そこら覗《のぞ》きまわっただん、その神楽舞《かぐらまい》のいる場所っちゅうのが、どこにも見当たらなんだだよ。それで親父《おやじ》、「そんなもの来るもんけえ。ありゃ狸《たぬき》ん太鼓《たいこ》叩《たた》いてるだ」って言《ゆ》うわけで、「太鼓《たいこ》叩《たた》いてるだよ」ってわけで。それで、「それでもなあ、あれは神楽舞《かぐらまい》だ」ってわけで、一生懸命《いっしょけんめい》さ、見るだが、来た様子もなくて。ほいで、「そのうちにこっちまわってくるら」と思って。昔はこう、門《かど》付《づ》けをして神楽舞《かぐらまい》が太鼓《たいこ》叩《たた》いて、各家《かくいえ》をまわりまわったっていう時代だもんで。そいで、「門付《かどづ》けしてまわって来るら」と思って、待ってただん、待てど暮らせど来《き》やせんで。「やっぱり騙《だま》されたのかなあ」と思って。

（令和6年7月6日採録）

# 10　松《まつ》の木《き》は大蛇《だいじゃ》㈠

大平　洋一（大地野）

僕、子どもんときに聞いた話は、渋川《しぶかわ》から熊《くんま》へね、あの道でだと思うけど。道を歩いてて、松の木があったもんで跨《また》いだっていうね。そいで歩いてきた。そしたら家《うち》へ帰ってきたら、なんかばか熱が出ちゃったいうね。で、なんだかわからんけどね、そのひどい熱に冒《おか》されたっちゅう。それで、その翌日だか見たら、跨《また》いだ松の木が実は蛇だった。

（令和6年8月3日採録）

## 11　松《まつ》の木《き》は大蛇《だいじゃ》㈡

**大城　行子**（大栗安）

内山《うちやま》さんのとこから龍山《たつやま》のほうへ抜ける道が、今は車通《くるまとお》るけど、昔っから秋葉街道《あきはかいどう》で、通《とお》れる道ね、あって。で、お坊《ぼう》さんが、朝早くでしょ、そんなに早くかどうかは知らんが、行《い》ったら、松の木が倒れてて、跨《また》いで通《とお》っていって。帰りに来たら、その松の木がなくて、松の木を伐《き》った形跡《けいせき》がぜんぜんなくて。「ああ、あれは大蛇《だいじゃ》だった」って言《ゆ》ったたってゆう話を私聞いたことあるの。子どもの頃にね、それ、私ね、聞いたことあるだに。

内山《うちやま》さんのとこから向こう行く道だに。水《みず》の沢《さわ》って言《ゆ》うの。その道が水《みず》の沢《さわ》を通《とお》っていくときに、ってゆった話。

（令和6年7月13日採録）

# 12 法字峠《ホウジとうげ》の怪《かい》―バスに乗《の》る幽霊《ゆうれい》―（一）

高橋　とみゑ（柴）

六郎沢《ろくろうざわ》っつうところから渋川《しぶかわ》へ行くね、バスがあっただよね。私ら若いときは。それで、六郎沢《ろくろうざわ》から渋川《しぶかわ》行く、家《うち》はないじゃんね、渋川《しぶかわ》の町に出るまでは。その運転手に言《い》わせると、誰も乗った形跡《けいせき》はないっちゅうか。だけど、こうふに、後ろ、見たら、なんか乗ってるって。ほれで、どこで降りるかわからんだ。ほいで、もう終点着いて、振り向いたら、いなんだだが、座席が濡《ぬ》れてたって。それは聞いたことあるだよ。法字《ホウジ》峠《とうげ》っちゅうとこを通《とお》って行くだよ。

（令和6年7月6日採録）

## 13　法字峠《ホウジとうげ》の怪《かい》―バスに乗《の》る幽霊《ゆうれい》―　(二)

小出　信平（大栗安）

神沢通《かんざわとお》って、その峠越すと渋川《しぶかわ》ってとこに。その法字峠《ホウジとうげ》通《とお》ってただけど。僕らん子どもの時分《じぶん》に、天竜川小松線《てんりゅうがわこまつせん》っつって国鉄のバスん通ってたけど。夜通《とお》ると、その法字峠《ホウジとうげ》のとこ行くと、白い着物着た人が立ってるって、ね。この話はよう聞いたで。

ほいで乗せて。まあ向こう行くバスは向こう、渋川《しぶかわ》へ行く。こっち来るバスは熊《くんま》へ来る。ほいで、目的地っていうか、「どこまで」っちゅうのを聞いて、お客さん乗ってるか見たら、誰《だんれ》も乗ってない。ほいで、座ってた、ね、腰かけてたとこ見ると水に濡《ぬ》れてたって。

（令和6年6月29日採録）

## 14　自動車《じどうしゃ》に乗《の》り込《こ》んできた母子《ぼし》の幽霊《ゆうれい》

大椞　百合子（大栗安）

なんか息子さんが、まだ通勤してるときの話だもんで。なんか、会社終わって帰りがけに、浜北《はまきた》あたりじゃないの、なんか、そこのね、橋でちょうど交通事故かなんかがあったんだって。それで、交通止めされてるもんで、車で、いったん停車したんじゃないの。それで、よくなって、後ろ、振り向いてみたら、お母さんと小さい子どもさんが車に座ってたって。

だもんで、「じゃあ今の交通事故で亡くなったのかなあ」なんて思いつつ、こっちまで帰ってきたの。で、それが熊《くんま》の人で。それで、息子さんがねえ、「えらいもの、えらい人乗せて帰ってきちゃった」なんてそう言《い》ったもんで、「じゃあその人たち、まだ車ん中乗ってるの？」って言《ゆ》ったら、「うんうん、乗ってるよ」って、そう言《ゆ》ったって。まあ、でもしょうがないもんで、まあその日はねえ、そのままにしたじゃない。

で、また仕事行くもんで、乗せたままさあ、出発したじゃない。で、やっぱりなんか、その交通事故の現場を通るんだけども、そこまで行ったら、後ろ振り返ったら、いなかったたって。そんな話だったよ。で、お母さんが「まだ乗ってるの？」って言《ゆ》ったら、「うんうん、もう降りたよ。いないよ」って、息子さんが返事したとかいう話です。

（令和6年7月13日採録）

## 15 兄《あに》の幽霊《ゆうれい》

森下　康弘（六郎沢）

兄貴がね、交通事故で。オートバイで、なんかいつもみたいに帰ってきて、浜松の駅の前で交通事故になってガンとなって。兄貴死んだの何時ごろだったかね。夜の二時だったか。二時ごろだったんね。

それんね、そのときに親父《おやじ》寝てたわけだ。それでね、枕元へね、顔真っ白く包帯してね、「結構《けっこう》遅くなっちゃった」っつって、兄貴が枕元へ立ったって。ほうで、「はて」と思って、遅い夜中だもんで。それで、起きたら、そしたら、トントントンってね、入り口の戸たたくの。そしたら、「こんばんは」って来ただ。ほんなわけで、それで死んだの、そのとき聞いて。事故に遭ったたちゅう話、そのときにね。

事故遭ったときに、そしたら、親父寝てる枕元にね、包帯をしてね、立ったたちゅう。それはね、実際に親父に聞いた話。それね、十九で亡くなっただか、俺、十七のときでね。家族みんな知ってるけどね、そんなことあったよって。

（令和6年7月13日採録）

# 16　人魂《ひとだま》

新木　輝辰（大栗安）

それたぶんね、昭和四十三年くらいかな。集落でさあ、まあ田舎だもんだから、病だかなんかで、病気をしてる人がいると、まあ元気づけということじゃないけども、たとえば、卵《たまご》、生卵《なまたまご》を持ってたり、昔ね。バナナを持ってたりね。っていうような物を持って、お見舞い行ったたね。それが、たぶん昭和四十三年ぐらいの、たぶん秋だと思うだな、寒くはなかったし。

それで、僕のおばあちゃん。お母さんじゃなくて、おばあちゃんと一緒に、集落の家《うち》の下の家《いえ》に、まあそういう人がいてお見舞い行っただね。夜のたぶん七時半ごろかなあ。それで、お見舞い済まして帰ってきたの。ったら、もう薄暗いだね。ほいで、家《うち》のほう向かって。家《うち》とその家《いえ》は、距離《きょり》でも百メーターくらいしか離れてないだけど、五十メーターぐらい、ちょうど真ん中くらいに帰ってきたときかな、うちの、こう登ってくから、家《いえ》が上にあってね。うちの家《いえ》があって、お蔵があって、そのこっちに、お墓があって。そのお墓のほうから青い玉がツーっと飛んだんだね。それで、僕も見た。おばあちゃんも見た。だけど、おばあちゃんは無言《むごん》で家《うち》まで無言《むごん》で帰った。

ほれで、家《うち》帰ってから、電灯の明かり、電灯の下でおばあちゃんに「ばあば、あれ見たか？」っていう話をしただ。そしたら、おばあちゃんもやっぱり見てて、俺が怖がるといけないから「話さなかった」って言《ゆ》ってね。あのときに初めて見た。

で、それからまもなく、その下の家《いえ》の人が亡くなってるね。本当に人魂なんかなちゅうかさ、あれは燐《りん》が燃えるんだってね。

（令和6年8月3日採録）

# 言い伝え

## 1　大地野《おおちの》の咳取岩《せきとりいわ》㈠

太田　克之（峯）

咳取岩《せきとりいわ》っていうね、大地野《おおちの》で言《ゆ》う、神さまがあるだけど、山の中にね。私らのところから一時間はかかるだけど、ここ山越えていくとね。そこへね、風邪《かぜ》ひいて三日《みっか》くらいごそごそしてるとね、「こりゃ治《なお》さにゃしょんない」っつって、そこへ行ってね。私も行って拝《おが》まされてね。そいでね、「早く咳《せき》が止まるように」っつってね、そういう拝《おが》みかたをしたですよ。その私の親の親が連れてね。終戦後、そんな感じだったですよ。そのばあさまが連《つ》れちゃあ、そこへ行って。ほいで、咳《せき》が三日《みっか》も出ると、「こりゃなんなっちゃ、おかしくなっちゃいかんで」っつってね。そいで拝《おが》みにね。

（令和6年6月8日採録）

## 2　大地野《おおちの》の咳取岩《せきとりいわ》㈡

金田　頼仙（六郎沢）

それは大地野《おおちの》っちゅうとこにね、柴《しば》へ行く道にね、あるだけど。咳取岩《せきとりいわ》っつってね、大きな岩があるだよ。そこ咳取岩《せきとりいわ》っつってさ、今でも祀《まつ》ってる人がいるだよ。それで、そこ咳《せき》がでると、そこ祀《まつ》ればいいっつってね。大地野《おおちの》、トンネルが、向こう、佐《さ》久間町《くまちょう》行くとことね、熊《くま》の境に、大地野隧道《おおちのずいどう》っつうのがある。トンネルが。そっからずっと東を向いていくとね、途中にね、咳取岩《せきとりいわ》っちゅうのがあってね。

（令和6年7月13日採録）

3

# 大地野《おおちの》の咳取岩《せきとりいわ》 ㈢

**山本　サカ（大地野）**

そこ、咳取岩《せきとりいわ》って、咳《せき》が出てしょうがないとき、そこへね、行ってお願《がん》をかけるだって。「早く治《なお》いてくださいい」って。で、治《なお》ったらまたお礼に行くだって。それが大地野《おおちの》の山にあるの。だで、咳取岩《せきとりいわ》とかさ、咳《せき》ん出ると、そこへお願《がん》をかけ行くだって。それが名前んついて、咳取岩《せきとりいわ》って。咳《せき》を取ってくれる咳取岩《せきとりいわ》へ行って、お願《がん》をかけて、「どうか、咳《せき》を早く治《なお》してくださいい」って言《ゆ》って、お願《がん》をかけてきて。後治《あとなお》ったら、後《あと》お礼に行く。そういう謂《いわ》れがあるね。

（令和6年6月8日採録）

# 4 熊《くま》の魔渕《まっぷち》

魔渕

川合　啓之（柴）

魔渕《まっぷち》は、泳《およ》ぎ行《い》った、泳《およ》ぎに行《い》った。夕方ね、いつまでも泳《およ》いでると、河童《かっぱ》みたいなのいるで、魔渕《まっぷち》だで。溺《おぼ》れるぞっつって。引っ張られるって。

河童《かっぱ》、俺らん時の時代は、河童《かっぱ》。河童《かっぱ》ん出てくるちゅってさ。魔渕《まっぷち》に河童《かっぱ》出てきて、引っ張られるって言《ゆ》われた。俺らの同級生は皆《みんな》そうやって教わっただよな。河童《かっぱ》みたいな奴《やつ》が出てくる。

（令和6年7月6日採録）

## 5　カラスヘビは縁起《えんぎ》がいい

大石　福江（熊平）

私らの家《うち》のねえ、庭の下《した》っ側《かわ》へねえ、真っ黒い蛇《へび》、こういう色の蛇《へび》がたまに来るだよ。そのときは、おとうさんが「カラスヘビだ」っちゅって、「ああ、こりゃいいことあるぞ」っていうようなこと言《ゆ》ったことある。

（令和6年6月8日採録）

## 6　ヤマカガシは縁起《えんぎ》がいい

ヤマカガシが家《うち》ん中入るとね、すっごいお金《かね》ん儲《もう》かるとか、縁起がいいとか。

金田　さだ子（六郎沢）

（令和6年7月20日採録）

# 7　蛇《へび》を指差《ゆびさ》してはいけない㈠

藤原　昌仁（大地野）

蛇《へび》見たときにね、指差《ゆびさ》しちゃいかんとかっていうじゃんね。で、指差《ゆびさ》しちゃったらさ、「あ、蛇《へび》」ってやっちゃったら、「やっちゃいかん」って言《ゆ》われてるんだけど、「指差《ゆびさ》すと指腐《ゆびくさ》っちゃう」って言《ゆ》われるから、指差《ゆびさ》しちゃいかんって言《ゆ》われるだよ。だんで、ところが、思わずさ、バッて見ると「あ、蛇《へび》」って言《ゆ》っちゃうじゃん、出ちゃうじゃん。そしたら、差《さ》しちゃったもんで、それは、腐《くさ》らんためには、ここ、跡《あと》がつくぐらいぐーっと噛《か》めってね。僕《ぼく》今でもすぐ、もう瞬間的《しゅんかんてき》にやるもん。小さいときから教えられてるからね。教えられてるというか話聞いてるから、条件反射《じょうけんはんしゃ》だよね。

（令和6年6月1日採録）

## 8　蛇《へび》を指差《ゆびさ》してはいけない（二）

金田　雅夫（六郎沢）

「蛇《へび》がおるよ」って、「あそこにおるよ」って指差《さ》すでしょ。それを、そのままにしとくと指が腐《くさ》っちゃうって言《ゆ》うだよ。差《さ》した指が。そいだもんでまた自分のほうへ持ってきて、噛《か》むの、自分で。痛く噛《か》むか、そこらへんはあれだけど、噛《か》んで、それでよし。それだで、蛇《へび》には指を差《さ》しちゃいけないっちゅって。腐《くさ》るって言《ゆ》うだよね。

（令和6年7月20日採録）

## 9　靴下《くつした》を履《は》いて寝《ね》てはいけない

新村　艶子（上神沢）

私らがね、冬ん寒《さむ》かったもんで、靴下履《くつしたは》いて寝ただよね。ほしたら、おばあさが、「そんなもの履《は》いて寝ると親の死に目に遭《あ》わんぞ」って言《ゆ》われた。

（令和6年7月20日採録）

## 10　雨《あめ》の日《ひ》には髪《かみ》を洗《あら》ってはいけない

高橋　とみゑ（柴）

雨降《ふ》るときにさあ、髪《かみ》の毛《け》洗《あら》っちゃいかん。「じゃあ、どうして雨が降《ふ》るときにね、頭《あたま》洗《あら》っちゃかん？」って母親に聞いたらさ、ゲジゲジが舐《な》めるだよって。ゲジゲジが舐《な》めりゃ白髪《しらが》なるって、白くなるって。

（令和6年6月22日採録）

## 11　種《たね》まきの禁忌《きんき》――不熟日《ふじゅくにち》

蒔《ま》きものね、蒔《ま》くとき、子丑《ねうし》は蒔《ま》いちゃいかんって。ほいだで結局、お葬式なんかで使うっちゅう、あれを避《さ》けてっていうことかね。

金田　さだ子（六郎沢）

（令和6年7月20日採録）

## 12　種《たね》まきの禁忌《きんき》―不祝儀《ぶしゅうぎ》の種苗《しゅびょう》

大桒　ときよ（大栗安）

どこかの家《いえ》で、死ぬと、その年は、その家《いえ》の苗《なえ》とか種《たね》とかを貰《もら》っちゃだめって。それはずっと言《い》ってたに。
うちの、私のおばあちゃん亡くなったときにはね、うちの苗《なえ》をあげちゃだめって言《ゆ》って、やらなかった。

（令和6年8月4日採録）

## 13　三隣亡《さんりんぼう》と稲架《はざ》掛《が》け

田口　美和子（大栗安）

三隣亡《さんりんぼう》っていうのあるじゃんね。暦《こよみ》見ると三隣亡《さんりんぼう》って書いてあるだよね。家《うち》を建つに、三隣亡《さんりんぼう》は嫌うって言《ゆ》うじゃんねえ。

稲稲架《いなはざ》、稲《いね》を掛ける。ここら「稲架《はざ》を結う」だよ、稲架《はざ》。稲《いね》を掛ける。田んぼを刈ったら、私ら、機械で刈《か》って、ほいで稲架《はざ》掛《が》けするだよ、一か月くらい、自然乾燥。その稲架《はざ》掛《が》けをやるに、稲架《はざ》を三隣亡《さんりんぼう》の日に立つと、そうすると、ひっくり返るって。よう言《ゆ》ってねえ。

お百姓はお百姓で、そういうこともあったね。稲架《はざ》がひっくり返るなんて言《ゆ》ったら、本当に、三隣亡《さんりんぼう》の日に、稲稲架《いなはざ》、稲《いね》を掛けるの、稲架《はざ》を作ったもんで、立ったもんで。「やっぱり返ったで、昔のこと、言《ゆ》うことはほんとだねえ」なんて言《ゆ》って。ひっくり返って、また、しょんないもんで、また立ちなおすって、立った日がまたアレだって、三隣亡《さんりんぼう》。そうしたら二度返ったって。

（令和6年7月13日採録）

## 14　へその緒《お》

藤原　昌仁（大地野）

昔は家《うち》で産んだじゃんね。家《いえ》でお産《さん》したじゃんね。で、へその緒《お》を家《いえ》のどっか、玄関の横とかね、埋《う》めるんだけど。そのへその緒《お》の、最初に跨《また》いだものが、その子どもがうんと恐《おそ》れるようになるって。恐れるっちゅうか、嫌うっちゅうだかね、怖いっちゅうだか。だから、埋《う》めて、その後《あと》、蛇《へび》が通《とお》ると、その子は蛇《へび》が苦手になるっていうね。で、蜘蛛《くも》が通《とお》ると、もう蜘蛛《くも》が苦手んなっちゃうだとかって言《ゆ》われたね。

で、僕《ぼく》は蛇《へび》苦手なもんだから、「おそらく僕《ぼく》は、あそこへ蛇《へび》ん通《とお》っただなあ」と思って。とやかくそうやって「へその緒《お》の上を最初に通《とお》った者を、うんと苦手とする」っつってねえ。これ、おばあちゃんから聞いた話だけどねえ。

（令和6年6月8日採録）

## 15　節分《せつぶん》の豆煎《まめい》りと香《こう》の花《はな》

大石　美恵（柴）

豆を煎《い》るじゃないですか、節分の。その煎《い》ってる熱で、香《こう》の花《はな》を、こう温《あった》めて。で、体のどっか悪いとこ、例えば足が痛い、腰が痛いとか、その痛いとこを、こう、その温《あった》かい香《こう》の花《はな》でやると治るとかって言《ゆ》うって。だから、それは今もやってる。

（令和6年8月3日採録）

16　六郎沢《ろくろうざわ》の光明院《こうみょういん》の鴉鳴《からすな》き㈠

金田　さだ子（六郎沢）

お寺がね、この上にあって、和尚《おしょう》さんのお墓がこっちにあるの。そこの側《そば》に大きな檜《ひのき》だかがね、あるの。ほいでねえ、そこん側《そば》で、檜《ひのき》だかの木のてっぺんで鴉《からす》が鳴くだよ。そうすっと、集落に身体の悪い人があって、じき葬式《そうしき》があるとかって。

（令和6年7月13日採録）

## 17　六郎沢《ろくろうざわ》の光明院《こうみょういん》の鴉鳴《からすな》き　(二)

金田　雅夫（六郎沢）

光明院《こうみょういん》で鴉《からす》が鳴《な》くと、向こうの人が亡くなると、そっち動いて、カァーカァーって鳴《な》くだよ。うんと鳴《な》く、鳴《な》き声おかしな鳴《な》き声で。それでこう、西のほうで亡くなるときには西のほう向いて、カァカァって鳴《な》くだよ。それで、そこからそっちの家《いえ》のほう行って、家《いえ》の周りをぐるんぐるんぐるんぐるん回《まわ》って。「ああ、あの家《うち》で亡くなっちゃった」って。そういう謂《いわ》れがある。

（令和6年7月20日採録）

## 18　櫛山《くしやま》の山《やま》の講《こう》

新木　輝辰（大栗安）

山の神さまってね、各集落に、まあ田舎《いなか》だもんだから、皆《みんな》山を持ってるじゃない。それで、信仰のために山の神さまってあるのね。

その日は、山師《やまし》の人でも山へ入っちゃダメとか。山入ると、神さまが一本、二本、一本の木と数えられるだよ、人が。数えられちゃうから、山へ入っちゃいかんって言《ゆ》う日があるの。

それが、僕らの櫛山《くしやま》のあれは、二月の七日《なのか》と八月の七日《なのか》と、十一月の七日《なのか》。三回、山の神さまをお祀《まつ》りする日があるのね。

（令和6年8月3日採録）

## 19 山《やま》の神《かみ》の頭巾《ずきん》拾《ひろ》い

大石　顥（柴）

山《やま》の講《こう》の後《あと》、明《あ》くる日《ひ》に、頭巾拾《ずきんひろ》いつって、山の神さまが、山へ頭巾《ずきん》を忘《わす》れてきて、それと出会《であ》うと怪我《けが》するで、「山《やま》の講《こう》の明《あ》くる日《ひ》は山に入っちゃいかん」って。

（令和6年8月3日採録）

## 20 シャチ神《がみ》

森下　康弘（六郎沢）

シャチ神《がみ》さまを祀《まつ》るっていうの。「シャチ獲《と》る」って言《ゆ》っちゃね。猟《りょう》をしたらね、鉄砲《てっぽう》行くと、そのときにね、朝どっかの道路に、あの時分《じぶん》、兎《うさぎ》だとか狸《たぬき》だとか、そういうものが車《くるま》にはねられて死んでるときあるだよ。「あっ今日はシャチん向いたぞ」って言《ゆ》って。そうするとかならず鉄砲《てっぽう》で猪《いのしし》が獲《と》れた。シャチっちゅうことね。「あっ今日は、狸《たぬき》死んでるから、シャチん向いたな」。

ほうで、結局、鉄砲《てっぽう》ってのは生きてるものを殺すじゃんのお。そういうことで、余計《よけい》そういう神経《しんけい》もあったかもな。だもんで、何か死んでると、もうそれ「シャチ向いたぞ。猪《いのしし》獲《と》れるぞ」って。結局、そういうことやっぱりね、自分で経験して、撃《う》ってるでのう。なんか、そういう験《げん》を担《かつ》ぐのか。

（令和6年7月13日採録）

# 地域解説

# 熊《くま》（一）

鈴木 実咲

## 宿場の街並み

明治二二年（一八八九）の町村制によって熊村、神沢村、大栗安村が合併し、あらためて熊村が成立した。この三ヶ村は、現在でも熊地域の大字となっている。正式には「くま」であるが、現在は「くんま」と呼びならわされることが多い。

大字としての熊のうち、石打、柴、沢丸、峯、熊平、大地野、坂野、寺平といった山あいの集落はおもに農業によって生計が営まれてきた。それに対して阿多古川に沿った平地の向、市場、旭、引田は「平《たいら》」とも呼ばれ、江戸時代から近代にかけて秋葉街道の宿場町として繁栄した。

江戸時代から明治にかけて遠州の秋葉山は火防の神として信仰を集め、各地から秋葉詣での人々が訪れた。そうした参詣者が往来した道はすべて秋葉街道と呼ばれる。とくに秋葉山と三河の鳳来寺とを結ぶ道は鳳来寺道とも呼ばれ、多くの参詣者たちが行き交った。遠州二俣と南信州とを結ぶ道は善光寺道と呼ばれ、下阿多古、上阿多古を経て熊から浦川へ通じていた。鳳来寺道と善光寺道が交差する交通の要衝として、「平」には宿場町が形成された。熊の宿場は近代になっても賑わいが続き、明治から大正にかけては道者宿や商人宿の他、三軒の芸者屋と二軒の置屋が営業していたという（熊東部老人クラブ文化部編『くんま市場の歩み』）。

昭和に入るとまもなく戦時下の統制や昭和一八年（一九四三）の秋葉山大火によって、熊では秋葉山への参詣者の歩く姿はほとんど見られなくなった。しかし、戦後の復興期になると木材の需要が高まり、「平」の商店街も林業による好景気の恩恵を受けるようになる。引田や向では製材所が稼働し、木材を載せたトラックがまだ舗装されていない国道一五二号線（二俣・熊往還）を忙しなく往来するようになった。昭和三〇年頃の商店街には飲食店、米穀店、酒店、鮮魚店、和菓子店、理髪店、呉服店、電気店などが軒を連ねていたという（熊東部老人クラブ文化部編『くんま市場の歩み』）。大正屋やあさひ屋では二俣（天竜区二俣町）から仕入れた刺身が店頭に並んでいた。鮮魚は柴や石打の商店ではなかなか取り扱えないため、熊小学校からの帰りに買い物を頼まれたと昔を懐かしむ人もいる。

二俣往還（現在の県道九号線）や横山往還（県道二九五号線）、渋川往還（県道四七号線）は戦前から拡張・整備が進められ、乗り合いバスが運行されていた。昭和三二年（一九五七）には熊〜二俣に遠鉄バスが一日一五往復、熊〜横山（天竜区横山町）に国鉄バスが六往復、熊〜浦川（天竜区佐久間町浦川）には遠鉄バスが二往復と国鉄バスが三往復、熊〜渋川（浜名区引佐町渋川）、熊〜宮口（浜名区宮口）にも国鉄バスがそれぞれ三往復、運行していた。熊の各集落にはバス停が設置され、熊と他地域を結ぶ主要な移動手段として利用されていた。

そうしたバスに乗って行商人たちが各地から熊を訪れた。富山の薬売りをはじめとして、静岡からネクタイを売りに来た人や信州から鋸を売りに来た人など扱われる品も様々だった。商店街に加えて各地から訪れる行商人たちによって、柴や石打、大地野での生活も、それほど不便を感じることはなかったという。

引田の「寿座」では映画が上映され、ときには歌や踊りなどの舞台も上演された。サーカスが興行されたこともあるという。また、酒店の店先では神沢や大栗安からも人が集まって酒を飲みながら話に興じていた。大栗安や神沢では「市場で飲んで帰ってくるときに」狐や狸に化かされたという話が多く伝えられている。大栗安の首切り地蔵の怪異も、語り手の大栞透さんは武士が「熊のお酒かなんか飲んで遅くなっちゃって」と語る。実際に武士が熊で酒を飲んだ帰りだったかどうかはともかくとして、「熊で酒を飲んで帰ってくる」という実際の生活が根底にあるのだろう。こうした伝承の中にも市場を中心とした人々の暮らしが垣間見える。

昭和三一年（一九五六）、熊村は龍川村、上阿多古村、下阿多古村、光明村とともに二俣町に合併し、明治二二年（一八八九）以来の熊村は廃止された。昭和三三年（一九五八）には二俣町が天竜市に改称し、以来、熊は天竜市の一地区となった。昭和四〇年（一九六五）を過ぎる頃には自家用車が普及し、昭和四〇年代後半には県道九号線の拡張・整備が進むと、熊から天竜市内や浜北、浜松への通勤者が激増した。すると、仕事帰りに天竜市内や浜北、浜松で買い物をする人が増え、熊の商店街は品揃えや価格の面で苦戦を強いられるようになっていった。昭和の終わりごろから平成にかけて「平」にある商店の数は徐々に減少し、経営者のなかには熊を離れる世帯も少なくなかった。

昭和三〇年代には三軒が残っていた旅館も、四〇年代には二軒が廃業した。角屋旅館だけは平成まで営業を続け、地元の人々の宴会や飲み会にも利用されて、熊の街の繁栄のおもかげを伝えた。

昭和の終わり頃から人口の流出が続き、商店も店を閉めて、町の活気が消えかけてゆくなかで、有志の女性たちは地域おこしの拠点として昭和六二年（一九八七）に「くんま水車の里」を設立した。「くんま水車の里」は昭和六三年（一九八八）に蕎麦を中心とした「かあさんの店」をオープンさせ、平成七年（一九九五）には「道の駅」の認定を受けるようになる。平成一二年（二〇〇〇）にはNPO法人「夢未来くんま」となり、翌年には物産館「ぶらっと」がオープンした。休日の「くんま水車の里」にはツーリングを楽しむ人や家族連れが遠方からも訪れ、賑わいを見せる。かつて旅籠や商店がもたらした繁栄は姿形を変えて現在まで継承されている。

## しっぺい太郎の伝説

「しっぺい太郎」は、磐田市の見付天神に伝わる伝説としてよく知られている。信州駒ケ根の光前寺から僧に連れられてきた霊犬・しっぺい太郎が、磐田の見付で人身御供を求める化け狒々を退治する話である。

北遠地域には、このしっぺい太郎の伝説にまつわる異伝が伝わっている。例えば、水窪の青崩峠の麓にはしっぺい太郎の墓にまつわる話が伝わる。しっぺい太郎は見付天神での化け狒々退治で深手を負い、信州へと帰る途中にこの青崩峠の麓で息を引き取ったという（『みさくぼの民話』「しっぺい太郎の墓」）。また、春野の犬居にも同様の話が伝わり、しっぺい太郎が化け狒々を退治して信濃へ帰る途中に、犬居で息を引き取ったという（『春野の昔話と伝説』「犬居のしっぺい太郎（一）」）。こうしたしっぺい太郎の最期を伝える場所は、信州の伊《い》那《な》地方と遠州の見付とを結ぶ、いわゆる「塩の道」に位置している。

「塩の道」は遠州の浜で製造された塩が運ばれた道である。相良（牧之原市）から掛川、森町、春野、水窪を経て、信州の伊那地方、諏訪、松本まで続く。もちろん塩だけでなく、海産物をはじめとする様々な産物と、それらを運ぶ商人たちとが行き交った交易路でもあった。その道の多くは信州と秋葉山とを結ぶ秋葉街道（信州街道）と重なり、商人たちだけでなく多くの参詣者が往来した信仰の道でもあった。しっぺい太郎の伝説は、信州と遠州を繋ぐ信州街道の往来の中で持ち運ばれるうちに、土着化の様相を見せながら各地に根付く伝説となったのだろう。

本書でも伝説として「しっぺい太郎と柴のシッペノ」（村松裕二さん）と「観音山のしっぺい太郎と柴のシッペノ」（髙橋とみゑさん）を掲載している。信州駒ケ根から連れられてきたしっぺい太郎は、妖怪退治のため磐田の見付へ向かう途中で柴の宿屋に宿泊したと伝えられ、その宿屋があった場所はしっぺい太郎に因《ちな》んで「シッペノ」と呼ばれている。

前述したように熊では二つの秋葉街道、鳳来寺道と善光寺道が交差していた。市場には、旅籠の旧跡の傍らに「右あきはみち、左ぜんくわうじ道」と記された石標が現在も残る。鳳来寺道は、熊から西へは、峰神沢を越えて川宇連宿（引佐町渋川）に下る街道と、寺平から鳶ノ巣山の尾根を越えて三河へ入る峠道、六郎沢から渋川へ通う街道があり、いずれも鳳来寺道と呼ばれる。また、善光寺道は熊から大地野を越えて吉沢に入り、南信州へと至る。

つまり、柴に伝わるしっぺい太郎の伝説は、信州の駒ケ根から善光寺道を歩いてきたしっぺい太郎は熊で鳳来寺道に入り、柴の「シッペノ」の宿屋に泊まったという設定で語られる。静岡県教育委員会文化課編『静岡県歴史の道　秋葉街道』によれば、柴には石田屋、森下屋、吉野屋、東屋と四軒の道者旅籠が営まれていた。吉野屋と東屋はともに前述の「シッペノ」と呼ばれる場所にもあった道者旅籠である。しっぺい太郎は吉野屋に一泊したと伝えられている。そこからさらに秋葉街道をたどり磐田の見付へ向かったのだろう。

「シッペノ」には七人塚の伝説も伝わる。本書に収載する「柴の七人塚㈠」（髙橋とみゑさん）と「柴の七人塚㈡」（大石堅司さん）によれば、当地の東屋に宿泊していたヤクザ風の七人の男が追手と斬りあいになり、全員が殺された。殺された七人の霊を祀ったのが柴の七人塚であるという。山あいの小さな集落でありながらこうして様々な伝説が伝えられているのは、巡礼だけでなく多様な人々が往来した秋葉街道の特徴をよく伝えていると言えるだろう。信州から秋葉山へ参詣する人々や、遠州から信州の善光寺へ向かう人々が邂逅する場こそが、柴の旅籠だったのかもしれない。

上阿多古の観音山にもしっぺい太郎の最期が伝えられている。見付での化け狒々退治の帰路、僧侶としっぺい太郎は観音山で休憩をとったという。そこで、しっぺい太郎は僧侶を狙う大蛇の存在に気づき吠え掛かるが、それを誤解した僧侶がしっぺい太郎の首を刎ねてしまう。それでもしっぺい太郎の首は大蛇に飛びつき噛み殺したといい、観音山にはしっぺい太郎を供養するための堂が祀られている。いわゆる「忠義な犬」の話型である。観音山の麓には二俣から大栗安、熊、大地野を通って南信州へと至る善光寺道がある。こちらの設定では、しっぺい太郎は見付から二俣を経て信州へ帰ろうとしていたのだろう。信州から秋葉山に参詣した旅人たちにとって、しっぺい太郎にまつわる異伝は秋葉詣での土産話として好まれ、こうして今日まで語り継がれているのだろう。

# 熊《くま》（二）

滝澤　未来

## 秋葉街道

遠州の秋葉山は火防の神として知られ、江戸時代から明治にかけて広く信仰されてきた。全国から秋葉山を参拝する参詣者も多く、そうした参詣者が歩いた道はすべて「秋葉街道」と呼ばれる。とくに三河の鳳来寺（愛知県新城市）と遠州の秋葉山を結ぶ秋葉街道は「鳳来寺道」とも呼ばれ、多くの参詣者が往来した。鳳来寺道は三河から渋川の川宇連（浜松市浜名区引佐町）、峰神沢、西神沢、上神沢を経て、熊の市場に入る。そして、市場からは峯、柴、石打を経て、西川（天竜区龍山町）から天竜川を舟で渡り、戸倉から秋葉山へ登る。また、秋葉山と信州の善光寺（長野県長野市）を結ぶ「善光寺道」も熊を通る。善光寺道は二俣から下阿多古、上阿多古、大栗安を経て熊に入り、吉沢から浦川（天竜区佐久間町）を経由して遠く善光寺まで繋がっていた。

熊は鳳来寺と秋葉山とのほぼ中間に位置する。鳳来寺道に沿った神沢、市場、峯、柴、石打では秋葉山の参詣者を相手にした旅籠や茶店が営まれていた。また、善光寺道に沿った大栗安や大地野では、旅籠こそないものの農閑期には荷馬や荷牛で駄賃稼ぎをしていたという。熊のほとんどの集落は秋葉街道に沿って成り立ち、その生活は秋葉街道とともにあったと言える。

江戸時代前期の正保年間（一六四四～一六四八）に作成された「遠江国絵図」に描かれた街道は大栗安から熊、浦川へかけての善光寺道のみであった。この時期にはまだ鳳来寺道は地図に記載されていない。江戸時代中期を過ぎる頃になると庶民の社寺参詣が盛んになり、江戸から伊勢参宮や西国巡礼に赴く参拝者たちが、東海道をいったん逸れて、秋葉山と鳳来寺にも参詣するようになった。寛政六年（一七九四）に刊行された司馬江漢の『西遊旅譚』によると、天明八年（一七八八）に司馬江漢が江戸から長崎へ向かう途中、秋葉山を参詣した後、石打から熊に入り、当時の庄屋の家に宿泊したという。翌日には熊を出発し鳳来寺を参詣している。

幕末の嘉永五年（一八五二）に作成された「遠江小図」になると、鳳来寺道には石打、芝（柴）、熊が描かれ、また寺平を通る鳳来寺道の脇往還や六郎沢を通る脇往還、大栗安から大地野への善光寺道も描かれた。すべての街道が熊で繋がっている。熊は信仰と交易の道が交差する交通の要衝だった。

鳳来寺道と善光寺道、脇往還が交差したのは熊のなかでも市場と呼ばれた街である。市場は江戸時代後期から旅籠や茶店が並び、秋葉山の参詣客で賑わってきた。また、神沢、峯、柴、石打でも秋葉山の参詣者に向けた道者旅籠が営まれた。明治二六年（一八九三）三月一八日付の「旅人員・宿泊人取調（熊村）」（『天竜市史　史料編七』所収）によると、石打にあった森下屋という旅籠では明治二五年（一八九二）の一年間に五六七人が宿泊したと記録されている。石打でもっとも規模が大きかったと伝えられる森下屋は昭和初期まで営業していた。

昭和三年（一九二八）に市場の中心部は大火に見舞われ、江戸時代からの街並みはほぼ全焼したが、宿場町はすぐに再建された。昭和初期の市場はまだまだ賑わっていたからである。街道沿いに商店街が形成され、酒店、飲食店、駄菓子店、雑貨店、食料品店、呉服店、劇場などが軒を連ねたという。しかし、戦時下になると秋葉山の参詣者は激減した。さらに昭和一八年（一九四三）に秋葉山本宮が火災で全焼すると、それ以降、しばらく秋葉山参詣は下火になっていった。

秋葉信仰が下火になり、秋葉街道の利用者が減少したことで熊の宿場町も賑わいが薄れていった。昭和二七年（一九五二）八月二日付の「旅館調査」（『天竜市史　史料編八』所収）によると、当時の市場で旅籠を営業していたのは角屋、吉野屋、山本屋の三軒のみである。三軒の中に道者旅籠はなく、角屋は料理旅館で、吉野屋と山本屋は商人宿であったという。当時は戦後の復興にともなって木材の需要が高騰していたため、料理旅館の角屋は材木商たちによる山主の接待にも利用された。地元の住民の結婚式や宴会も行われ、かつての賑わいのおもかげを伝えていた。

市場や神沢、峯、柴、石打の道者旅籠は営業を終了して久しいが、現在でも屋号だけは伝えられている。街には当時の旅籠や商店の建物が残され、かつての繁栄が偲ばれる。さらに、昭和四九年（一九七四）には、寺平から柴、石打に向かう道が東海自然歩道として整備された。この道は鳳来寺道に重なる部分が多く、かつての鳳来寺道は東海自然歩道に名前を変えて、現在も残されている。

## 熊の大念仏

遠州大念仏は遠州地方に伝わる伝統芸能である。笛、太鼓、鉦が隊列を組み、その音頭にあわせて詠み手が念仏や歌枕を唱和する。大念仏の団体は「組」と呼ばれ、その地域の初盆の家に招かれて、庭先で大念仏を繰り広げ、音曲によって死者を弔う。熊でもかつては熊平、柴、坂野、大栗安、神沢に大念仏が伝えられていた。熊平の大念仏は江戸時代後期に始まったとされている。戦時中は中断されたが、昭和二三年（一九四八）には復活した。熊平念仏は熊平の集落内だけでなく、頼まれれば柴や石打へも出向き、あるいは熊全域に出向いたともいう。いわば熊を代表する大念仏である。

熊平念仏を担った「熊平組」はかつて四〇人ほどで構成されていた。八月一三日の夜に初盆を迎えた家を訪れ、太鼓の音に合わせて、歌枕と呼ばれる唄を唱え、死者を供養する。歌枕は三一字の短歌を二首あわせて一つの唄を構成する。歌枕の詞は亡くなった人によって異なる。熊平組に伝えられた『大念仏歌枕集』には一〇〇近くの歌枕が記されている。

一般的な遠州大念仏では、歌枕を唱える際に太鼓、双盤、笛が使用され、太鼓叩きは踊るように太鼓を切る（大念仏では太鼓を叩くことを「太鼓を切る」と言う）。ところが、熊平念仏では太鼓と双盤のみで笛は用いられず、太鼓叩きは踊らずに太鼓を切る。また、一般的な遠州大念仏では三度笠を被ることが多いが、熊平念仏では角笠を被っていた。

かつての熊平念仏は、初盆を迎えた家へ向かう前に、熊平の六所神社、庚申様、光雲寺をめぐり、それぞれで大念仏を奉納したという。その後、初盆の家に向かうが、複数の家をめぐる場合には高い場所から低い場所への移動は「下り念仏」として忌避され、低い場所から高い場所へ登っていく「上り念仏」が求められた。初盆の家では死者を迎えるために入口に松明を並べ、念仏は囃子を演奏しながらその松明の間を進んでゆく。これを「道行き」という。その後、家の庭を三周する。そして、仏壇のある部屋の前で大念仏が始まる。

最初に死者に対して南無阿弥陀仏を唱え、続いて初盆を迎えた家を褒める歌枕と亡くなった人にあわせた歌枕が唱えられる。二首の歌枕を唱えた後は、初盆の家から食事がふるまわれる（「中休み」）。中休みの後は食事の礼として「お茶返し」の歌枕が唱えられ、熊地区特有の「高踊《こおど》り」が披露される。「高踊り」は太鼓の側面を下側に置き、太鼓の両面を跳ねながら叩く踊りである。『静岡県の民俗芸能―静岡県民俗芸能緊急調査報告書―』（静岡県教育委員会、一九九七年）によると、これは三河の「放下踊《ほうかおど》り」と同じ系統とされる。「高踊り」を終えた後、行列は家に入るときとは異なる囃子を演奏しながら初盆の家から退出する。熊平組は一軒に二時間から三時間ほどかけて初盆を迎えた家々をまわったという。

昭和の終わり頃から熊平でも過疎化と高齢化が進み、大念仏の担い手が減ってきた。熊平に在住する人だけでなく、故郷を離れた人も盆には熊平組に参加するために帰省していた。それでも人手不足になると女性たちも大念仏に参加するようになったという。しかし、平成になるとその規模も縮小し、他の集落へは出向かず、熊平の中だけ催されるようになった。平成二六年（二〇一四）を最後に現在では休止されている。

熊平念仏に使用された笛、双盤、太鼓、頭《かしら》（ひんぢょうちん）と呼ばれる飾り提灯などは現在も熊平の旧家に保管されている。

熊平の他に柴、坂野、大栗安、神沢にも大念仏が伝えられていた。

柴の大念仏は熊平念仏と同じく、江戸時代後期に始まったと伝えられる。装束は熊平と同じく白い浴衣に角笠である。八月一三日の迎え盆の夜から行われ、やはり熊平と同じく「高踊り」を踊った。『柴大念仏歌枕集』には約五〇首の歌枕が載せられている。昭和一四年（一九三九）から戦争激化のため休止されたが、戦後もそのまま休止が続いていた。昭和六二年（一九八七）に自治会が「老人生《いき》がい対策」の一環として復活させ、翌年には初盆を迎えた二軒の家で大念仏が催された。しかし、その後、集落内では不幸がなく初盆の家がなかったため、大念仏はふたたび休止されてしまった。かつて大念仏で使用された道具は、現在も集落の神社に保管されている。

大栗安の大念仏は戦前から行われていたというが、やはり戦時下にいったん休止し、その後、再開と休止が繰り返されてきた。装束は熊平と同じく白い浴衣に角笠である。初盆の家に向かう前には白山の祠で大念仏を奉納したという。平成七年（一九九五）には遠州大念仏保存会に加盟したが、平成二三年（二〇一一）には活動を休止した。大念仏で使用された道具は地区の集会所に保管されている。

上神沢の大念仏は昭和二〇年代にはすでに休止していたが、昭和六〇年（一九八五）頃に復活したという。復活した当時は角笠ではなく三度笠であった。その後、一〇年ほど行われたが、初盆の家がない年が続いたため、活動は休止してしまった。上神沢の大念仏で使用された道具は地区の集会所に保管されている。

# 神《かん》沢《ざわ》

服部　奏

## 歴史と暮らし

神沢は上神沢、峰神沢、西神沢、六郎沢の四集落から成り立つ。自治会は「神沢東」と「神沢西」で構成され、上神沢と峰神沢は「神沢東」、西神沢と六郎沢は「神沢西」に属する。合わせて四四世帯、九六人が暮らしている（令和七年一月現在）。

神沢のなかでも峰神沢は大日山（標高六四一m）の頂上付近に位置する、文字どおり峰にある集落である。大日山の山頂の守護神堂には大日如来が祀られている。大日山を水源として峰神沢から西神沢にかけて流れる「神沢川」は西阿多古川の源流の一つであり、神の峰から流れる川として神沢地区の地名の由来ともされる（『角川日本地名大辞典　静岡県』）。

神沢は、江戸時代には嶺神沢村、上神沢村、六郎沢村の三ヶ村に分かれ、大栗安村や新切新田村とともに中泉代官所の支配する幕府領として「阿多古領十九ヶ村」に含められていた。神沢では、点在する沢を水源として水田が拓かれてきた。天保五年（一八三四）に作成された『天保郷帳（遠江国郷帳）』によれば、神沢地区での石高は、六郎沢村が四〇石余、上神沢村が四三石余であったのに対し、嶺神沢村は百石余との記載がある。前述の通り、峰神沢地区は大日山の山頂に近く、集落は急峻な傾斜地にある。わずかに棚田を開発できたとしても、それが六郎沢や上神沢の石高に倍する米の収穫に繋がるとは考えにくい。嶺神沢村がこれだけの石高を得ることができたのは、現在の西神沢地区に拓かれていた水田の恩恵を受けていたためである。西神沢は大日山から三〇〇mほど麓に降りた緩やかな平地にあり、かつては嶺神沢村の一部に含まれていた。

明治七年（一八七四）には、嶺神沢村、上神沢村、六郎沢村が合併し、神沢村になった。さらに、明治二二年（一八八九）には町村制（明治の大合併）の施行に伴い、神沢村は大栗安村と共に熊村に統合された。

神沢の人々の暮らしを支え、地域の歴史を紡いできたのは秋葉街道（鳳来寺道）である。秋葉街道の詳細については熊の解説（滝澤未来）でも触れているが、江戸時代から秋葉信仰が広まる中、神沢はその通過点となり多くの参拝客で賑わうようになった。天竜区引佐町や愛知県の三河地方から訪れる参拝客たちは頻繁に神沢を往来していたため、神沢では参拝客たちを迎えるための旅籠や茶店が多く営まれるようになった。時期は明らかでないが、峰神沢には茶店が二軒、西神沢から上神沢にかけては道者旅籠が六軒ほど営まれていたという（静岡県教育委員会文化課『静岡県歴史の道　秋葉街道』）。

街道の賑わいとともに神沢の暮らしを支えてきたのは林業である。明治二五年（一八九二）には、阿多古川筋で初めての水力製材工場である金田工場が六郎沢に設立され、林業の近代化が始まった。伐り出された木材や加工された製材は「馬力《ばりき》」と呼ばれる荷馬車に載せられて上阿多古の落合まで出荷された。神沢から流れる西阿多古川は水量が少なく、木材を川に流して運び出す「川狩り」には不向きであったためである。落合の貯木場へ運ばれた木材は、川狩りや、水量が多い時期には筏に組まれて天竜川へ流されたという。大正二年（一九一三）に二俣・熊往還（現在の県道九号線・天竜東栄線）が開通すると、馬力に積まれた製材は天竜川の塩見渡まで運ばれるようになったともいう。木材は筏に組まれ、製材は川船に積まれて天竜川を下り、中野町まで運ばれていた。

昭和二五年（一九五〇）頃から戦後の復興が本格化し、全国的な建設ラッシュによって木材の需要が高まった。かつての二俣・熊往還は昭和二八年（一九五三）に国道一五二号線（飯田浜松線）となり、改良工事が進められるようになった。昭和三七年頃には熊でも国道一五二号線が拡張・整備され、天竜・二俣との自動車の往来が活発となった。特に国道沿いの神沢はその恩恵を受け、流通の効率が改善されていった。

この頃から、神沢では多くの産業施設が展開されるようになった。昭和三九年（一九六四）には上神沢の国道一五二号線沿いに興隆製材所が設立された。興隆製材所では地元の木材だけでなく輸入木材も取り扱っていたという。昭和四二年（一九六七）には上神沢に山西製材所が創業し、熊地区の林業を支えるようになる。

昭和四五年（一九七〇）には国道一五二号線が県道九号線（天竜東栄線）に移行するが、その前後、昭和四三年（一九六八）から昭和四九年（一九七四）にかけては県道九号線の交通量は国道時代の二倍以上に急増した。これに対応して県道九号線は主要地方道に指定され、さらに改良・舗装が進められた。また天竜市総合開発基本計画に基づき県道九号線以外の道路も整備されていった。平成三年（一九九一）には北遠まい茸センターが熊平から上神沢の県道沿いに移転し、熊を代表する特産品である舞茸の生産が活発になった。神沢の暮らしは、かつて秋葉街道の時代から交易と流通によって支えられてきた。しかし、近代では県道九号線がその役割を担うようになった。

## 神沢田楽（神沢おくない）

神沢田楽は、かつて神沢で執り行われていた神事芸能の一種である。近年では「神沢おくない」と称されることが多いが、地元の人々の間では「田楽」という呼称が一般的に用いられる。「おくない」は仏教の法要を意味する「おこない」が訛ったもので、元々は正月や春先に寺院で執り行われた修正会に由来する。また「田楽」は、正月に稲の豊作を祈って行われる「田遊び」に由来し、五穀豊穣や無病息災を祈る予祝の芸能である。

神沢田楽は中世以来の伝統があるとされ、西神沢の石野禰宜家を中心に「宮子《みやご》（宮講）」と呼ばれる家系の人々によって世襲制で受け継がれてきた。昭和一六年（一九四一）までは旧暦の一月五日に西神沢の万福寺阿弥陀堂（「おくない堂」や「五日堂」とも呼ばれる）で行われていたが、元々は旧暦の一月四日に峰神沢の大日山に位置する入堂坊大権現の「舞楽堂」で執り行われていたという。

かつての田楽は本祭に先立って一月元日から始められた。元日に西神沢の六所神社、三日に薬師堂、四日に大日山で、それぞれ供物や祝詞を捧げ本祭の演目の一部を舞ったという。本祭の当日である五日の正午になると、まず禰宜と宮子が阿弥陀堂に集合し「めんさい」を行った。「めんさい」は演目で使用する面を、禰宜家の井戸から汲んだ水で湿らせた紙を使って洗い清める儀式である。「めんさい」が済むと阿弥陀堂の中に祀られていた伽藍神に捧げる「伽藍祭り」が行われ、阿弥陀堂の祭りへ移っていった。舞子は翁の面や鬼の面など一〇種類以上の面を付け替えながら、笛や太鼓の音に合わせて舞う。演目は四〇番ほどあったとされ、本祭の日没から翌朝にかけて夜を徹して執り行われた。

しかし、大正末期になると継承の難しい舞や語りから徐々に失われ始めたという。さらに昭和になって太平洋戦争が始まると、娯楽的な要素の強い田楽は戦時下に不向きとされて中断される。昭和二〇年代後半になってようやく復活したが、昭和三五年頃には再び休止状態になってしまった。

戦時下はともかくとして、昭和三〇年代後半に神沢の田楽が中断してしまった原因は幾つか考えられる。主要な原因としてはよく後継者不足が指摘される。前述した通り、神沢田楽は禰宜家と宮子の家系だけに継承されてきた。宮子も集落ごとに役割が設けられ、西神沢では神歌を、六郎沢では舞子を、峰神沢では舞子の補助を担当するという分業体制があった。継承者と役割を限定したことで、田楽は禰宜家と宮子たちだけの伝統になってしまい、地域全体で神事芸能を伝えてゆく意識に切り替えることができなかったと考えられる。

また、前節で触れたように、昭和三〇年代後半に道路の整備が進むと、特に国道沿いの神沢からは天竜の市街地や浜松市内への通勤者が激増した。熊のなかでも神沢は市街地への通勤者が多く、それまでの農林業を中心とした生活から都市部のような、いわゆるサラリーマン的な生活への移行も早かったという。石野禰宜家の夫人は「農耕を行う人々が急減したことで、五穀豊穣を祈る田楽が意味を失ってしまったのかも」というが、確かにそのとおりかもしれない。

高度経済成長が落ち着くと、ふたたびふるさとの田楽を復活させる動きが始まった。昭和五〇年（一九七五）には、天竜市立熊中学校で「ふる里を愛し大切にする教育」の一環として、郷土芸能クラブの生徒たちによって神沢田楽が再開された。平成一七年（二〇〇五）に熊中学校、上阿多古中学校、下阿多古中学校、二俣中学校が清竜中学校として統合されると、神沢田楽は清竜中学校に継承されるようになった。また、平成二〇年（二〇〇八）には、西神沢の出身者を中心とした「神沢おくない継承同好会」が結成され、中学生たちに田楽で用いた面や道具を貸し出すなど、清竜中学校と連携して継承活動にあたるようになった。翌二一年（二〇〇九）には、清竜中学校の生徒たちとともに万福寺阿弥陀堂にておよそ五〇年ぶりに神沢田楽が復活するに至った。しかし、令和二年（二〇二〇）から始まった新型コロナウイルスの流行を契機に、令和三年（二〇二一）の正月には清竜中学校の生徒たちの参加が見送られた。令和六年（二〇二四）までは継承同好会により田楽が披露されてきたが、令和七年（二〇二五）現在はふたたび休止となっている。

神沢田楽は戦時下や高度経済成長に翻弄され中断と再開を繰り返してきた。継承の仕方や地域の生活環境など様々な事情がその原因として考えられる。しかし、中断だけでなく、中学校によって、あるいは地域外の継承同好会によって、復活を繰り返してきたこともまた事実である。地元では「早いうちから女性にも協力してもらっていれば、今でも地域内で継承されていたかもしれない」と、地元での田楽の途絶えを惜しむ声もある。中世以来の伝統を受け継ぐとされる神沢の田楽は、今後どのようなかたちで再開し、継承されてゆくのだろうか。

# 大栗安《おおぐりやす》

廣濵　波貴

## 歴史と暮らし

大栗安は、熊、神沢とならんで熊地区（旧熊村）を構成する三つの大字の一つである。

浜松市内から旧天竜市の市街地を抜けて熊へ向かう。下阿多古、上阿多古を経て県道九号線を一六㎞ほど進んで行くと右に折れる山道が見えてくる。熊の中心である市場の街まではまだ五㎞ほど手前である。ここからの急峻な山道を二㎞、標高差二〇〇ｍほどを登ってゆくと本村が見えてくる。地域内には本村、内熊、櫛山、檜曽礼、丹羽野、新切といった集落が散在する。江戸時代に西阿多古沿いに新田が拓かれた新切（新切新田村）は別として、本村、内熊、檜曽礼、丹羽野はいずれも神明山（標高六五七・三ｍ）の南側の急峻な傾斜地に、櫛山は西山《にしやま》（四七二ｍ）の南の傾斜地にそれぞれの集落を営み、棚田を拓き、茶を栽培してきた。六つの集落には三三世帯、八三人が暮らしている（令和七年一月現在）。

明治二二年（一八八九）に施行された町村制（明治の大合併）により熊村、神沢村、大栗安村が合併し、近代の「熊村」が成立した。もともと大栗安村と神沢村は磐田の中泉代官所が所管する遠州の幕府領のなかでも「阿多古領」と呼ばれ、大栗安村とその枝村である新切新田村を含めて「阿多古十八ヵ村」（十九ヵ村とも）に数えられていた。同じく中泉代官所の支配地でも西手領に含まれる熊村とは、いわば線引きが異なっている。そのため、明治になって一つの熊村となった後でも市場の街を中心とする旧熊村に対して、大栗安には一種の独立的な気概が残った。

江戸時代後期の天保五年（一八三四）に編纂された『遠江国天保郷帳』によれば、大栗安村と新切新田村を合わせた石高は九〇石余に過ぎない。江戸時代に大栗安村の庄屋を務めた大桑家に伝わる文政四年（一八二一）三月付「大栗安村指出明細書上帳」（『天竜市史史料編五』「大桑家文書」所収）によれば、大栗安村の村高七五石余、耕地一五町五反とされている。そのうち田は四町三反で二一石、畑は一一町二反、五四石である。耕地面積も収穫高も水田は全耕地のうちの二八％に過ぎない。大栗安では主食の他に茶や楮を栽培して、わずかな現金収入を得ていた。

現在の大栗安は傾斜地に拓かれた棚田の風景で知られる。それでも農業だけでは安定した収入は見込めず、多くの家庭は林業に従事してきた。しかし、上阿多古や下阿多古の山主たちの所有する山林が多く、大栗安の住民がそこで働く場合、そうした地域外の山主たちに安価な賃金で雇われることになったという。そのため、高い賃金や安定した収入を求めて、水窪や佐久間の国有林などに出稼ぎに出る人も多かった。

大栗安での林業は、小規模な山主たちの経営ということもあって、国有林のような近代化が遅れていた。とくに昭和四〇年代になって林道の整備・拡張が行われる以前は、木材の搬出に多大な労力が費やされた。鉄索が設置される事はなく、神明山などで伐採された木材は「木馬《きんま》」と呼ばれる山橇《やまぞり》に積まれて麓の新切の貯木場まで運び降ろされていた。急峻な山道を滑り降りる木馬曳きは危険を伴い、丸太の下敷きになって死傷者が発生するような事故もあった。しかし、危険な仕事ではあっても大栗安の人々にとっては貴重な現金収入であり、子供から大人まで木馬曳きは生活の一部でさえあった。空になった木馬を山に引き戻すときには、子どもたちが丸太を連結していた鎹《かすがい》を運んで小遣いを得ていたという。

戦前から昭和二〇年代の半ばまでは神明山で伐り出された木材は「馬力」という荷馬車に積み替えられ、上阿多古の阿寺から現在の県道二九六号線（熊小松天竜川停車場線）に沿って落合など西阿多古川沿いの貯木場へ運ばれていた。昭和三七年（一九六二）に国道一五二号線（現在の県道九号線）の拡張・整備が始まると、回り道になっていた県道二九六号線は次第に使われなくなり、木材は国道一五二号線に接する新切の貯木場へ運び降ろされるようになった。さらに、昭和四〇年代後半になり、本村から熊の引田へ木材を搬出していたかつての木馬道が林道として拡張されると、神明山の木材はトラックに積まれ、引田や神沢の製材所へ運ばれるようになった。かつての大栗安の風景の一部であった本村から新切への木馬道は廃れ、現代ではその跡を知る人も少ない。

神明山から伐り出された木材の集積地でもあった新切は、いわば大栗安の玄関口でもある。本村から新切への道路が整備される以前は、前述の木馬道や狭く険しい山道しかなく、大栗安で生産された葉タバコや茶なども背負子に積んで新切へ運ばれていたという。新切には昭和六〇年頃まで豆腐などの食料品や日常品をそろえた新切屋が営業していた。県道九号線が整備される以前より二俣方面からの行商人たちが訪れ、新切から山道を登って大栗安まで塩漬けの魚や干物、下着や足袋などの洋服類も売り歩いていたという。県道九号線が整備されると、行商人たちも徒歩ではなくトラックで訪れるようになった。その頃はまだ大栗安の集落内の道路は未整備で、トラックの行商人たちはかえって大栗安に来づらくなったともいう。

## 棚田の風景

大栗安は「日本の棚田百選」や「静岡県棚田等十選」に選定された棚田の広がる風景で知られる。本村と檜曽礼には標高三七七mから四七三mにかけての急峻な傾斜地に総面積八・六haとも言われる棚田が広がっている。

大栗安の棚田の歴史は、平安時代に遡るとも、室町時代から江戸時代にかけて造成されたとも伝えられているが確たる裏付けはない。あるいは、江戸時代中期の元禄から享保に本村に住んでいたとされる鳳長源という武士が棚田の造営や農法を指導したとも伝えられる。本書では鈴木芳治さんが語った伝説「鳳長源とホウホウ造りの棚田」を載せている。鳳長源の指導によって米の収穫量が増えたことから大栗安の人々は「ホウホウ」と喜び、その棚田の造営は「ホウホウ造り」と呼ばれるようになったという。鳳長源の名が「ホウホウ造り」の由来とする伝承もある。鳳長源は棚田を造作するにあたって「地の神」を祀ったとされ、「地の神田《かみだ》」と呼ばれる水田で獲れる米は良質で収穫量も多いという。

前節でも述べたように、江戸時代後期の大栗安村では、耕地一五町五反のうち、水田は四町三反であった。現在の棚田の面積は八・六ha（約八町六反）とされているため、四町三反といえば、ちょうどその半分にあたる。

加えて、大正一三年（一九二四）の大栗安の水田面積は九町五反もあった（熊西部老人クラブ大栗安班編『大栗安誌』）。つまり、江戸時代後期の大栗安の水田は、近代の大栗安の水田の四五％以下に過ぎず、現在の大栗安に広がる棚田の大半は、早くとも江戸時代末期、もしくは明治以降に開発されたことになる。江戸時代中期の元禄から享保に鳳長源が棚田を開発したという伝説は、おそらく棚田の始まりの真相に近いかもしれない。

本村の棚田には、神明山から流れ出る渓流水の温度を調整するための溝が設けられている。また、「サーヤ」と呼ばれる水路や貯水池も併せて設置され、限られた水源の環境下で水不足対策として利用されている。本村の棚田より勾配が急な檜曽礼の棚田には、畔道の草刈りを行う際の足場として機能する「渡石《わたりいし》」が、石積みの一部として見られる。

昭和三〇年（一九五五）頃から棚田の風景は変貌し始めた。まず、在来種の茶からヤブキタ種への改植が始まると、もともと南向きの日当たりのよい斜面に造られていた棚田は茶園に転換されるようになった。従来の茶に比べてはるかに生産性が高いヤブキタ種によって「お茶で食べていける農家」が生まれる。昭和四〇年代になると大栗安には三軒の共同製茶工場が稼働するようになった（現在は二軒）。茶は大栗安の主要な産業へと発展し、この頃から棚田の間に茶畑が広がる現在の大栗安の風景が出来上がっていった。

残された棚田も昭和三〇年代後半にはそれまでの牛耕から機械耕作に移行していった。田植機や稲刈機などが導入されると、そうした機械を入れることができない狭い棚田は放棄せざるを得なくなった。

また、前節でも述べたように林道や市道の拡張工事が進められると、棚田の一部も埋め立てられて道路へと姿を変えていった。「米がよく獲れる水田を取られ、悔しい思いもした」という話も聴くが、拡張された道路は生活の利便性を向上させた。さらに、昭和五〇年代になると減反政策の影響により、一部の家では水田面積が約三分の二に減少したという。そうした休耕田では茶のほかに櫁（香の花）の栽培が進められ、無駄の無い土地利用が行われた。

平成一一年（一九九九）、農家の高齢化や人口減少に伴う棚田の荒廃が問題視される中、棚田の保全活動を行う「大栗安棚田倶楽部」が地域住民により設立された。「棚田ウォーク」や稲刈りなどの農業体験には、地域外から多くの人々が参加し、イベントの企画や運営を行う地域住民にとって棚田は交流の場としても機能している。棚田で収穫された米は自家消費される他、一部は「大栗安棚田米」として天竜二俣の米穀店で販売されている。

## ◆語り手一覧◆

| 整理番号 | 氏名 | 生年 | 年齢 | 性別 | 現住所 | 出身地 | 採録話 | 掲載番号 | 伝承に関わる備考 |
|---|---|---|---|---|---|---|---|---|---|
| 1 | 新木輝辰 | 昭和31年 | 68 | 男 | 大栗安 | 大栗安 | 新切の七人塚㈠ | 伝説18 | 「櫛山の山の神社」は櫛山の亡くなった年長者に聞いた「人魂」は自身の体験談 |
| | | | | | | | 櫛山の山の神さま | 世間話4 | |
| | | | | | | | 人魂 | 世間話16 | |
| | | | | | | | 櫛山の山の講 | 言い伝え18 | |
| 2 | 石打良子 | 昭和24年 | 75 | 女 | 石打 | 東雲名 | 一寸法師 | 昔話1 | 読み聞かせボランティア「いちごばたけ」のメンバー。小学校などで絵本の読み聞かせをしている |
| | | | | | | | 浦島太郎㈠ | 昔話3 | |
| | | | | | | | 瘤取り爺㈡ | 昔話12 | |
| | | | | | | | 舌切り雀 | 昔話13 | |
| | | | | | | | 十二支の由来㈢ 鼠と牛・鼠と猫 | 昔話17 | |
| | | | | | | | 兎と亀㈡ | 昔話23 | |
| 3 | 石野恵子 | 昭和27年 | 72 | 女 | 西神沢 | 山東 | 牡丹餅は蛙 | 昔話29 | 読み聞かせボランティア「いちごばたけ」のメンバー。「天竜おはなしの会」のメンバーでもある |
| 4 | 石野不二夫 | 昭和27年 | 72 | 男 | 西神沢 | 西神沢 | 狐に化かされた話㈠ | 世間話7 | |
| 5 | 石野文男 | 昭和28年 | 71 | 男 | 西神沢 | 西神沢 | 狐に憑かれた話㈠ | 世間話5 | |

| | | | | | | | | | |
|---|---|---|---|---|---|---|---|---|---|
| | | | | | | | 狐に憑かれた話(二) | 世間話6 | |
| 6 | 岩田とみゑ | 昭和21年 | 78 | 女 | 峯 | 寺島町 | 峯熊荒神(二) | 伝説6 | |
| 7 | 岩田尚也 | 昭和22年 | 77 | 男 | 峯 | 大分県 | 十二支の由来(四) 鼠と牛・鼠と猫 | 昔話18 | |
| 8 | 大石顥 | 昭和22年 | 78 | 男 | 柴 | 柴 | 十二支の由来(五) 犬と猪 | 昔話19 | 「十二支の由来」は祖母から、「徳川家康と柴の歳取岩」は祖父から聞いた |
| | | | | | | | 徳川家康と柴の歳取岩 | 伝説14 | |
| | | | | | | | 柴の鏡石(一) | 伝説24 | |
| | | | | | | | 山の神の頭巾拾い | 言い伝え19 | |
| 9 | 大石堅司 | 昭和24年 | 76 | 男 | 柴 | 柴 | 柴の七人塚(二) | 伝説17 | |
| 10 | 大石福江 | 昭和22年 | 77 | 女 | 熊平 | 峯 | カラスへビは縁起がいい | 言い伝え5 | 義父から聞いた話 |
| 11 | 大石美恵 | 昭和25年 | 74 | 女 | 柴 | 上神沢 | 節分の豆煎りと香の花 | 言い伝え15 | |
| 12 | 大桒嗣雄 | 昭和11年 | 89 | 男 | 市場 | 坂野 | 箒木山の大蛇 | 伝説8 | |
| 13 | 大桒透 | 昭和17年 | 82 | 男 | 大栗安 | 大栗安 | 新切の七人塚(二) | 伝説19 | 内熊の年長者からよく集落の伝説を聞いた。「高平の神様に満州で助けられた話」は山仕事を一緒にした横山出身の知人から聞いた |
| | | | | | | | 大栗安の首切り地蔵(一) | 伝説20 | |
| | | | | | | | 大栗安のおつねの墓(一) | 伝説22 | |
| | | | | | | | 高平の神さまに満州で助けられた話 | 世間話1 | |
| 14 | 大桒ときよ | 昭和11年 | 88 | 女 | 大栗安 | 上阿多古 | 種まきの禁忌―不祝儀の種苗 | 言い伝え12 | |

| | | | | | | | | | |
|---|---|---|---|---|---|---|---|---|---|
| 15 | 大桒百合子 | 昭和19年 | 80 | 女 | 大栗安 | 岐阜県 | 自動車に乗り込んできた母子の幽霊 | 世間話14 | |
| 16 | 大城光弘 | 昭和11年 | 88 | 男 | 大栗安 | 大栗安 | 檜曽礼の毛利の落人 | 伝説13 | |
| 17 | 大城行子 | 昭和18年 | 82 | 女 | 大栗安 | 石打 | 弘法大師とお茶（石打春野の由来） | 伝説1 | 「大栗安の首切り地蔵(二)」は義父から聞いた話 |
| | | | | | | | 大栗安の首切り地蔵(二) | 伝説21 | |
| | | | | | | | 大栗安のおつねの墓(二) | 伝説23 | |
| | | | | | | | 松の木は大蛇(二) | 世間話11 | |
| 18 | 太田克之 | 昭和17年 | 83 | 男 | 峯 | 峯 | 大地野の咳取岩(一) | 言い伝え1 | |
| 19 | 太田さをり | 昭和31年 | 68 | 女 | 峯 | 峯 | 峯熊荒神(一) | 伝説5 | デイサービスの利用者から聞いた話 |
| 20 | 太田隆子 | 昭和13年 | 86 | 女 | 沢丸 | 旭 | 沢丸の子持渕 | 伝説9 | 義祖母や義父から集落の伝説についてよく聞いていた |
| | | | | | | | 平家の落人と沢丸の女郎岩 | 伝説11 | |
| | | | | | | | 柴の鏡石(二) | 伝説25 | |
| 21 | 太田則子 | 昭和35年 | 65 | 女 | 寺平 | 二俣 | かぐや姫 | 昔話2 | 幼稚園の元教員。幼稚園児に昔話（絵本）の読み聞かせをしていた。読み聞かせボランティア「いちごばたけ」のメンバー |
| | | | | | | | 浦島太郎(二) | 昔話4 | |
| | | | | | | | 七夕の由来(一) | 昔話7 | |
| | | | | | | | 花咲か爺(一) | 昔話9 | |
| | | | | | | | 瘤取り爺(一) | 昔話11 | |
| | | | | | | | 鼠の婿取り | 昔話20 | |

| | | | | | | | | | |
|---|---|---|---|---|---|---|---|---|---|
| 22 | 太田満子 | 昭和15年 | 85 | 女 | 沢丸 | 佐久間 | 十二支の由来㈡　鼠と牛 | 昔話16 | |
| 23 | 大平洋一 | 昭和18年 | 81 | 男 | 大地野 | 大地野 | 北風と太陽 | 昔話24 | 中学校の元教員 |
| | | | | | | | 皆殺し半殺し | 昔話27 | |
| | | | | | | | 大地野の飛び天神 | 伝説7 | |
| | | | | | | | 松の木は大蛇㈠ | 世間話10 | |
| 24 | 長田敏明 | 昭和9年 | 90 | 男 | 石打 | 石打 | 石打の長者渕 | 伝説10 | 「狸に化かされた話」は自身の体験談 |
| | | | | | | | 狸に化かされた話 | 世間話9 | |
| 25 | 金田さだ子 | 昭和22年 | 77 | 女 | 六郎沢 | 竜川 | 六郎沢の白山権現 | 世間話3 | 「六郎沢の白山権現」は自身の体験談 |
| | | | | | | | 狐に化かされた話㈡ | 世間話8 | |
| | | | | | | | ヤマカガシは縁起がいい | 言い伝え6 | |
| | | | | | | | 種まきの禁忌―不熟日 | 言い伝え11 | |
| | | | | | | | 六郎沢の光明院の鴉鳴き㈠ | 言い伝え16 | |
| 26 | 金田雅夫 | 昭和19年 | 80 | 男 | 六郎沢 | 六郎沢 | 蛇を指差してはいけない㈡ | 言い伝え8 | |
| | | | | | | | 六郎沢の光明院の鴉鳴き㈡ | 言い伝え17 | |
| 27 | 金田頼仙 | 昭和15年 | 84 | 男 | 六郎沢 | 六郎沢 | 大地野の咳取岩㈡ | 言い伝え2 | |
| 28 | 川合啓之 | 昭和34年 | 65 | 男 | 柴 | 東京都 | 熊の魔渕 | 言い伝え4 | |

| | | | | | | | | | |
|---|---|---|---|---|---|---|---|---|---|
| 29 | 熊平一吉 | 昭和14年 | 85 | 男 | 熊平 | 春野 | 熊平の庚申さま | 世間話2 | |
| 30 | 熊平典子 | 昭和21年 | 79 | 女 | 熊平 | 熊平 | 鶴の恩返し(二) | 昔話6 | 孫に昔話(絵本)の読み聞かせをしていた。生家の熊平家は熊でも屈指の大地主だった |
| | | | | | | | 兎と亀(一) | 昔話22 | |
| 31 | 小出信平 | 昭和23年 | 77 | 男 | 大栗安 | 大栗安 | 法字峠の怪―バスに乗る幽霊(二)― | 世間話13 | |
| 32 | 酒井金子 | 昭和28年 | 71 | 女 | 大地野 | 水窪 | 鶴の恩返し(一) | 昔話5 | 小学校の元教員。読み聞かせボランティア「いちごばたけ」のメンバーで、小学校などで絵本の読み聞かせをしている。『みさくぼの民話』に世間話「狐火」と言い伝え「コトコト婆さん」が載る中村信雄さんの長女 |
| | | | | | | | 七夕の由来(二) | 昔話8 | |
| | | | | | | | 花咲か爺(二) | 昔話10 | |
| | | | | | | | 一休さんの頓知(二)―このはしわたるべからず | 昔話26 | |
| 33 | 新村艶子 | 昭和18年 | 81 | 女 | 上神沢 | 上阿多古 | 靴下を履いて寝てはいけない | 言い伝え9 | 祖母から聞いた話 |
| 34 | 鈴木芳治 | 昭和30年 | 69 | 男 | 大栗安 | 広島県 | 鳳長源と大栗安の棚田 | 伝説2 | 物知りな年長者から聞いた話。大栗安棚田倶楽部の代表 |
| 35 | 高橋和雄 | 昭和5年 | 94 | 男 | 大地野 | 大地野 | 大地野の平家落人 | 伝説12 | |
| 36 | 高橋とみゑ | 昭和14年 | 85 | 女 | 柴 | 上阿多古 | 姥捨て山(枝折) | 昔話14 | 幼少期は祖母の隣で寝ていて、毎晩、寝る前に昔話を聞かせてもらっていた |
| | | | | | | | 十二支の由来(一) 鼠と牛 | 昔話15 | |

| | | | | | | | | | |
|---|---|---|---|---|---|---|---|---|---|
| | | | | | | | 蕨の恩 | 昔話21 | |
| | | | | | | | 一休さんの頓知(一)—このはしわたるべからず | 昔話25 | |
| | | | | | | | 半殺し皆殺し | 昔話28 | |
| | | | | | | | 観音山のしっぺい太郎と柴のシッペノ | 伝説4 | |
| | | | | | | | 柴の七人塚(一) | 伝説16 | |
| | | | | | | | 法字峠の怪—バスに乗る幽霊—(一) | 世間話12 | |
| | | | | | | | 雨の日には髪を洗ってはいけない | 言い伝え10 | |
| 37 | 田口美和子 | 昭和11年 | 89 | 女 | 大栗安 | 佐久間 | 三隣亡と稲架掛け | 言い伝え13 | |
| 38 | 藤原昌仁 | 昭和23年 | 77 | 男 | 大地野 | 大地野 | 大地野の咳取岩 | 伝説15 | 中学校の元教員。「へその緒」は祖母から聞いた話 |
| | | | | | | | 蛇を指差してはいけない(一) | 言い伝え7 | |
| | | | | | | | へその緒 | 言い伝え14 | |
| 39 | 村松裕二 | 昭和35年 | 64 | 男 | 市場 | 市場 | しっぺい太郎と柴のシッペノ | 伝説3 | |
| 40 | 森下康弘 | 昭和19年 | 81 | 男 | 六郎沢 | 六郎沢 | 兄の幽霊 | 世間話15 | 幼少期より父に連れられて猟師や山仕事を手伝っていた |
| | | | | | | | シャチ神 | 言い伝え20 | |
| 41 | 山本サカ | 昭和9年 | 91 | 女 | 大地野 | 渋川 | 大地野の咳取岩(三) | 言い伝え3 | |

| | | | |
|---|---|---|---|
|  |  |  |  |
| 石野不二夫さん<br>（西神沢） | 石野恵子さん<br>（西神沢） | 石打良子さん<br>（石打） | 新木輝辰さん<br>（大栗安） |
|  |  |  |  |
| 大石顥さん<br>（柴） | 岩田尚也さん<br>（峯） | 岩田とみゑさん<br>（峯） | 石野文男さん<br>（西神沢） |
|  | 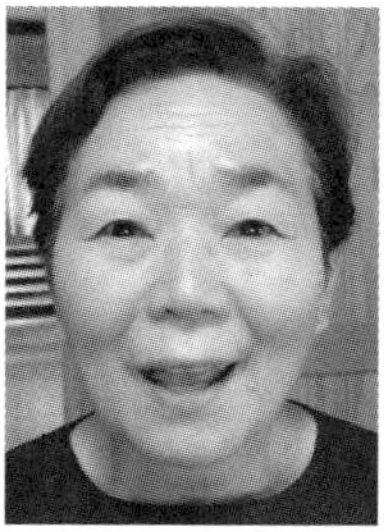 |  |  |
| 大桒嗣雄さん<br>（市場） | 大石美恵さん<br>（柴） | 大石福江さん<br>（熊平） | 大石堅司さん<br>（柴） |
|  |  |  |  |
| 大城光弘さん<br>（大栗安） | 大桒百合子さん<br>（大栗安） | 大桒ときよさん<br>（大栗安） | 大桒透さん<br>（大栗安） |

太田隆子さん
（沢丸）

太田さをりさん
（峯）

太田克之さん
（峯）

大城行子さん
（大栗安）

長田敏明さん
（石打）

大平洋一さん
（大地野）

太田満子さん
（沢丸）

太田則子さん
（寺平）

川合啓之さん
（柴）

金田頼仙さん
（六郎沢）

金田雅夫さん
（六郎沢）

金田さだ子さん
（六郎沢）

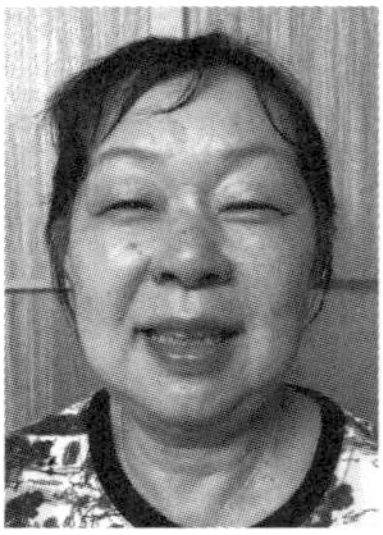
酒井金子さん
（大地野）

小出信平さん
（大栗安）

熊平典子さん
（熊平）

熊平一吉さん
（熊平）

髙橋とみゑさん
（柴）

髙橋和雄さん
（大地野）

鈴木芳治さん
（大栗安）

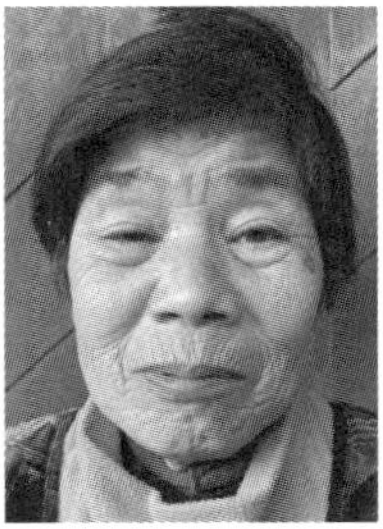
新村艶子さん
（上神沢）

森下康弘さん
（六郎沢）

松村裕二さん
（市場）

藤原昌仁さん
（大地野）

田口美和子さん
（大栗安）

山本サカさん
（大地野）

## ◆話型一覧◆

| 掲載番号 | 題名 | 話者 | 日本昔話通観 | 日本昔話大成 | Aarne-Thompson type index | 日本伝説大系 | 備考 |
| --- | --- | --- | --- | --- | --- | --- | --- |
| | 昔話 | | | | | | |
| 1 | 一寸法師 | 石打良子 | 一三七A「一寸法師―鬼退治型」 | 一三六A「一寸法師―鬼征伐型」 | 七〇〇 | | |
| 2 | かぐや姫 | 太田則子 | 一三〇「竹娘」 | 一四六「竹姫」 | | | |
| 3 | 浦島太郎㈠ | 石打良子 | 七四「浦島太郎」 | 二二四「浦島太郎」 | cf.四七〇、四七一 | 三二「浦島太郎」 | |
| 4 | 浦島太郎㈡ | 太田則子 | 七四「浦島太郎」 | 二二四「浦島太郎」 | cf.四七〇、四七一 | 三二「浦島太郎」 | |
| 5 | 鶴の恩返し㈠ | 酒井金子 | 二二九A「鶴女房―離別型」 | 一一五「鶴女房」 | | | |
| 6 | 鶴の恩返し㈡ | 熊平典子 | 二二九A「鶴女房―離別型」 | 一一五「鶴女房」 | | | |
| 7 | 七夕の由来㈠ | 太田則子 | 二二一「天人女房」 | 一一八「天人女房」 | 四〇〇 | | 天人女房の後半部分 |
| 8 | 七夕の由来㈡ | 酒井金子 | 二二一「天人女房」 | 一一八「天人女房」 | 四〇〇 | | |
| 9 | 花咲か爺㈠ | 太田則子 | 三六四A「犬むかし―花咲か爺型」 | 一九〇「花咲爺」 | 一六五五 | | |
| 10 | 花咲か爺㈡ | 酒井金子 | 三六四A「犬むかし―花咲か爺型」 | 一九〇「花咲爺」 | 一六五五 | | |
| 11 | 瘤取り爺㈠ | 太田則子 | 四七「こぶ取り爺」 | 一九四「瘤取爺」 | 五〇三 | | |
| 12 | 瘤取り爺㈡ | 石打良子 | 四七「こぶ取り爺」 | 一九四「瘤取爺」 | 五〇三 | | |

| | | | | | | | |
|---|---|---|---|---|---|---|---|
| 13 | 舌切り雀 | 石打良子 | 八五「舌切り雀」 | 一九二「舌切り雀」 | 四八〇 | | |
| 14 | 姥捨て山（枝折） | 髙橋とみゑ | 四一〇A「姥捨て山-難題型」 | 五二三C「親棄山」 | 九八〇A | 一七「姥捨山」 | |
| 15 | 十二支の由来㈠鼠と牛 | 髙橋とみゑ | 五四三「十二支の起こり-鼠の滑稽」 | 一三「十二支の由来」 | 二七五 | | |
| 16 | 十二支の由来㈡鼠と牛 | 太田滿子 | 五四三「十二支の起こり-鼠の滑稽」 | 一三「十二支の由来」 | 二七五 | | |
| 17 | 十二支の由来㈢鼠と牛・鼠と猫 | 石打良子 | 五四三「十二支の起こり-鼠の滑稽」 | 一三「十二支の由来」 | 二七五 | | |
| 18 | 十二支の由来㈣鼠と牛・鼠と猫 | 岩田尚也 | 五四三「十二支の起こり-鼠の滑稽」 | 一三「十二支の由来」 | 二七五 | | |
| 19 | 十二支の由来㈤犬と猪 | 大石顥 | 五四三「十二支の起こり-鼠の滑稽」 | 一三「十二支の由来」 | 二七五 | | 犬と猪の描写のみ |
| 20 | 鼠の婿取り | 太田則子 | 五六八「鼠の婿選び」 | 三八〇「土竜の嫁入」 | 二〇三一cf.五五五 | 三八〇「土竜の嫁入」 | |
| 21 | 蕨の恩 | 髙橋とみゑ | 五一七「わらびの恩」 | 八二「蕨の恩」 | | | |
| 22 | 兎と亀㈠ | 熊平典子 | 五四五B「しらみとのみの競争-居眠り型」 | 三九「亀にまけた兎」 | 一〇七四cf.一二三 | | |
| 23 | 兎と亀㈡ | 石打良子 | 五四五B「しらみとのみの競争-居眠り型」 | 三九「亀にまけた兎」 | 一〇七四cf.一二三 | | |
| 24 | 北風と太陽 | 大平洋一 | | | | | |
| 25 | 一休さんの頓智㈠-このはしわたるべからず | 髙橋とみゑ | 八二五「難題話-この橋渡るな」 | | | | |

| | | | | | | | |
|---|---|---|---|---|---|---|---|
| 26 | 一休さんの頓智(二)―このはしわたるべからず | 酒井金子 | 八二五「難題話―この橋渡るな」 | | | | |
| 27 | 皆殺し半殺し | 大平洋一 | 九二六「半殺し本殺し」 | 四一五「本殺し半殺し」 | cf.一六九八 | | |
| 28 | 半殺し皆殺し | 髙橋とみゑ | 九二六「半殺し本殺し」 | 四一五「本殺し半殺し」 | cf.一六九八 | | |
| 29 | 牡丹餅は蛙 | 石野恵子 | 八九九「嫁が見たら蛙に」 | 一六二B「牡丹餅は蛙」 | 八三四A | | |
| | 伝説 | | | | | | |
| 1 | 弘法大師とお茶(石打春野の由来) | 大城行子 | | | | | |
| 2 | 鳳長源と大栗安の棚田 | 鈴木芳治 | | | | | |
| 3 | しっぺい太郎と柴のシッペノ | 村松裕二 | 二七五A「猿神退治―犬援助型」 | 二五六「猿神退治」 | cf.三〇〇 | 一六六「人身御供」 | |
| 4 | 観音山のしっぺい太郎と柴のシッペノ | 髙橋とみゑ | 三八四「忠義な犬」 | 二三五「忠義な犬」 | 一七八A | | |
| 5 | 峯熊荒神(一) | 太田さをり | | | | | |
| 6 | 峯熊荒神(二) | 岩田とみゑ | | | | | |
| 7 | 大地野の飛び天神 | 大平洋一 | | | | | |
| 8 | 箒木山の大蛇 | 大桒嗣雄 | | | | | |
| 9 | 沢丸の子持渕 | 太田隆子 | | | | | |
| 10 | 石打の長者渕 | 長田敏明 | | | | | |
| 11 | 平家の落人と沢丸の女郎岩 | 太田隆子 | | | | 一六八「平家谷」 | |

| | | | | | | | |
|---|---|---|---|---|---|---|---|
| 12 | 大地野の平家落人 | 髙橋和雄 | | | | 一六八「平家谷」 | |
| 13 | 檜曽礼の毛利の落人 | 大城光弘 | | | | cf.一六八「平家谷」 | |
| 14 | 徳川家康と柴の歳取岩 | 大石顥 | | | | | |
| 15 | 大地野の咳取岩 | 藤原昌仁 | | | | 一〇八「咳の姥様」 | |
| 16 | 柴の七人塚㈠ | 髙橋とみゑ | | | | 九六「七人塚」 | |
| 17 | 柴の七人塚㈡ | 大石堅司 | | | | 九六「七人塚」 | |
| 18 | 新切の七人塚㈠ | 新木輝辰 | | | | 九六「七人塚」 | |
| 19 | 新切の七人塚㈡ | 大桒透 | | | | 九六「七人塚」 | |
| 20 | 大栗安の首切り地蔵㈠ | 大桒透 | | | | 一七三「身代わり地蔵」 | |
| 21 | 大栗安の首切り地蔵㈡ | 大城行子 | | | | 一七三「身代わり地蔵」 | |
| 22 | 大栗安のおつねの墓㈠ | 大桒透 | | | | | |
| 23 | 大栗安のおつねの墓㈡ | 大城行子 | | | | | |
| 24 | 柴の鏡石㈠ | 大石顥 | | | | | |
| 25 | 柴の鏡石㈡ | 太田隆子 | | | | | |
| | 世間話 | | | | | | |
| 1 | 高平の神さまに満州で助けられた話 | 大桒透 | | | | | |
| 2 | 熊平の庚申さま | 熊平一吉 | | | | | |

| | | | | | | | |
|---|---|---|---|---|---|---|---|
| 3 | 六郎沢の白山権現 | 金田さだ子 | | | | | |
| 4 | 櫛山の山の神さま | 新木輝辰 | | | | | |
| 5 | 狐に憑かれた話(一) | 石野文男 | | | | | |
| 6 | 狐に憑かれた話(二) | 石野文男 | | | | | |
| 7 | 狐に化かされた話(一) | 石野不二夫 | | | | | |
| 8 | 狐に化かされた話(二) | 金田さだ子 | | | | | |
| 9 | 狸に化かされた話 | 長田敏明 | | | | | |
| 10 | 松の木は大蛇(一) | 大平洋一 | | | | | |
| 11 | 松の木は大蛇(二) | 大城行子 | | | | | |
| 12 | 法字峠の怪―バスに乗る幽霊(一) | 髙橋とみゑ | | | | | |
| 13 | 法字峠の怪―バスに乗る幽霊(二) | 小出信平 | | | | | |
| 14 | 自動車に乗り込んできた母子の幽霊 | 大桒百合子 | | | | | |
| 15 | 兄の幽霊 | 森下康弘 | | | | | |
| 16 | 人魂 | 新木輝辰 | | | | | |
| | 言い伝え | | | | | | |
| 1 | 大地野の咳取岩(一) | 太田克之 | | | | 一〇八「咳の姥様」 | |
| 2 | 大地野の咳取岩(二) | 金田頼仙 | | | | 一〇八「咳の姥様」 | |
| 3 | 大地野の咳取岩(三) | 山本サカ | | | | 一〇八「咳の姥様」 | |

| | | | | | | |
|---|---|---|---|---|---|---|
| 4 | 熊の魔渕 | 川合啓之 | | | | |
| 5 | カラスヘビは縁起がいい | 大石福江 | | | | |
| 6 | ヤマカガシは縁起がいい | 金田さだ子 | | | | |
| 7 | 蛇を指差してはいけない㈠ | 藤原昌仁 | | | | |
| 8 | 蛇を指差してはいけない㈡ | 金田雅夫 | | | | |
| 9 | 靴下を履いて寝てはいけない | 新村艶子 | | | | |
| 10 | 雨の日には髪を洗ってはいけない | 髙橋とみゑ | | | | |
| 11 | 種まきの禁忌—不熟日 | 金田さだ子 | | | | |
| 12 | 種まきの禁忌—不祝儀の種苗 | 大桒ときよ | | | | |
| 13 | 三隣亡と稲架掛け | 田口美和子 | | | | |
| 14 | へその緒 | 藤原昌仁 | | | | |
| 15 | 節分と豆煎りと香の花 | 大石美恵 | | | | |
| 16 | 六郎沢の光明院の鴉鳴き㈠ | 金田さだ子 | | | | |
| 17 | 六郎沢の光明院の鴉鳴き㈡ | 金田雅夫 | | | | |

| | | | | | | |
|---|---|---|---|---|---|---|
| 18 | 櫛山の山の講 | 新木輝辰 | | | | |
| 19 | 山の神の頭巾拾い | 大石顥 | | | | |
| 20 | シャチ神 | 森下康弘 | | | | |

◇調査記録◇

令和6年6月1日（土）第1回採訪
午前　熊平荘　峯熊荘
午後　熊愛館　大地野簡易老人憩いの家

令和6年6月8日（土）第2回採訪
午前　個別訪問　大石福江さん　大石良康さん
大城久保さん　熊平一吉さん　熊平典子さん
午後　個別訪問　太田克之さん　太田さをりさん
太田美穂子さん　太田喜子さん　酒井金子さん
酒井豊実さん　髙橋和雄さん　髙橋召子さん
藤原昌仁さん　山本サカさん

令和6年6月15日（土）第3回採訪
午前　熊愛館
午後　熊愛館

令和6年6月22日（土）第4回採訪
午前　銀杏荘
午後　東部老人クラブ憩の家

令和6年6月29日（土）第5回採訪
午前　個別訪問　岩田とみゑさん　岩田尚也さん
太田さをりさん　太田多賀子さん
酒井金子さん　酒井豊実さん　山本サカさん
午後　栗砦館

令和6年7月6日（土）第6回採訪
午前　個別訪問　太田隆子さん　太田満子さん
長田敏明さん　髙橋とみゑさん
午後　個別訪問　内山惠子さん　海老原政彦さん
大石勝世さん　各務美紀さん　川合啓之さん
川合祥江さん

令和6年7月13日（土）第7回採訪
午前　六郎沢老人憩の家
午後　個別訪問　大棄透さん　大棄百合子さん
大城光弘さん　大城行子さん　鈴木君子さん
鈴木芳治さん　田口美和子さん

令和6年7月20日（土）第8回採訪

午前　個別訪問　梶村敏夫さん　金田さだ子さん
金田雅夫さん　小林圭介さん　江村三希さん
森下さちこさん　森下康弘さん

午後　明神荘

令和6年8月3日（土）第9回採訪

午前　個別訪問　大石顥さん　大石堅司さん
大石美恵さん　太田隆子さん
太田滿子さん　髙橋とみゑさん

午後　個別訪問　新木輝辰さん　大平展子さん
大平洋一さん　髙橋和雄さん　藤原昌仁さん

令和6年8月4日（日）第10回採訪

午前　個別訪問　新木輝男さん　大棗透さん
大棗ときよさん　大棗保弘さん　大城光弘さん
大城行子さん　小出信平さん　鈴木芳治さん
鳥山勝彦さん　平田聡さん　平田豊一さん

午後　個別訪問　石野育男さん　石野惠子さん
石野不二夫さん　石野文男さん
石野百合子さん　金田さだ子さん
金田雅夫さん　藤原博俊さん

令和6年10月26日（土）補足調査①

午前　大石福江さん　大石良康さん　大城久保さん
太田克之さん　太田さをりさん　熊平一吉さん
熊平典子さん

午後　大城光弘さん　大城行子さん　鈴木芳治さん

令和6年11月9日（土）補足調査②

午前　石野惠子さん　石野不二夫さん　小出佐さん
小出友子さん

午後　犬塚朝男さん　大棗敏子さん　釈随惠子さん
釈随芝山さん　守田秋夫さん

令和6年11月17日（日）補足調査③

午前　小出信平さん

午後　大棗茂さん　田口晃さん　田口美和子さん

令和6年11月30日（土）補足調査④

午前　大石顥さん　大石堅司さん　大石美恵さん
梶村敏夫さん　森下さちこさん　森下康弘さん

午後　石野一規さん　内山恵子さん　長田敏明さん
長田かづ子さん

**令和6年12月7日（土）補足調査⑤**

午前　大棄茂さん　田口美和子さん　大石福江さん
大石良康さん　熊平一吉さん　熊平典子さん
午後　犬塚朝男さん　大棄ときよさん　中谷宗司さん
西泉幸子さん

**令和7年1月8日（水）補足調査⑥**

午前　熊平一吉さん　熊平典子さん　鈴木芳治さん
田口晃さん　田口美和子さん
午後　新木輝辰さん　大棄透さん　大城光弘さん
大城行子さん　太田隆広さん　守田秋夫さん

**令和7年1月9日（木）補足調査⑦**

午前　片桐重文さん　澤木一臣さん　澤木みち子さん
午後　石野恵子さん　大石堅司さん　大石美恵さん
太田隆子さん　太田隆広さん　森下康弘さん

**令和7年1月22日（水）補足調査⑧**

午前　大棄透さん　太田光子さん　大平厚彦さん
田口晃さん　田口美和子さん　長峰明代さん
牧瀬かよさん
午後　石野恵子さん　石野不二夫さん　澤木一臣さん
釈随恵子さん　釈随芝山さん　釈随規道さん
鈴木龍介さん

**令和7年1月25日（土）補足調査⑨**

午前　釈随恵子さん　牧瀬かよさん　牧瀬吉光さん
午後　石打良子さん　上松恵さん　大石清さん
太田隆広さん　片桐重文さん　澤木みち子さん

# あとがき

二本松　康宏

一昨年の秋、当時のゼミの四年生たちと熊から横山、雲名《うんな》、月《つき》を訪ねた。ちなみに月というのは天竜川沿いの集落の名で、「月まで三キロ」と書かれた道路の案内標識で話題になったことがある。伊与原新の短編小説にも同題があり、短編集の表題となっている。

春野での調査はいよいよ最終年度となっていた。三年生は気田へ、あるいは砂川、大時、胡桃平へと通っている。そちらは三年生に任せておけばいい。次の調査地の選定が私にとって喫緊の課題だった。熊地区か、竜川地区か、である。

竜川地区は横山をはじめとして東雲名、西雲名、月など一〇の集落（大字）に一六の自治会があり、四五一世帯、九六三人が暮らしていた。熊地区は熊、神沢、大栗安に一〇の自治会。この年の一〇月一日現在で言えば、二〇八世帯、人口は四六三人。

私の腹は決まっていた。熊では人口が少なすぎる。

＊　　　＊

前述のように、二〇二三年度の調査（『春野のむかし語り』）は春野きっての市街地である気田と、山あいの砂川、大時、胡桃平で、あわせて四三四世帯、八八三人が暮らしていた。私たちがお会いしたのはそのうちの八三名である。その前年、二〇二二年度の調査（『春野の民話』）では豊岡と宮川とで四〇三世帯、八九一人。そのうちの五二名の方とお会いしている。

例年のように集会所での集団採録（広がり）と個別訪問（深掘り）を組み合わせた調査ならば、少なくとも七〇〇人以上の人口が望ましい。しかし熊は二〇八世帯、四六三人。さすがに厳しい。「ということで、来年度は竜川で」と、その日の帰途、私の結論を学生たちに説明した。

* *

学生たちからは批判があがった。「人が住むかぎり、どこへでも訪ねてゆくのが伝承文学ゼミではなかったか!?」「人口が少ないということは、それだけ差し迫った必要性があるということ」「石切の後悔（詳細は『春野のむかし語り』の「あとがき」一六九頁参照）を、センセはまた繰り返すのか!?」などと異口同音に、わりと強めに私を責め立てる。

何を言ってるんだね!? 自分たちは春野の恵まれた環境で、その恩恵をさんざんに受けてきたくせに。熊にはえがおタクシーもないし、中村《たんたん》さんもいないんだよ。えがおタクシーとはNPO法人「春野のえがお」が運行している地域内限定の会員制タクシーである。交通空白地有償運送という制度で認可・運用されているため料金も通常のタクシーの半額以下。そのドライバーの一人である中村一夫さんはたんたんの愛称で多くの地域住民から親しまれていた。えがおタクシーとたんたんのおかげで、私たちは春野町のどこへでも行くことができた。しかし、熊にはそういう交通機関もないんだよ。

「それが調査をしない理由になりますか？」と学生たちの批判は続く。

*　*

「だったら春野の前は、龍山ではどうしていたんですか？」。学生は意地悪だ。知っていて、わざと私に問う。

龍山も採録調査の困難な地域だった。夏までの調査は市役所（龍山協働センター）の公用車が送迎してくださった。しかし、秋からの補足調査は事前の計画が立てにくいので、協働センターの公用車もお願いしづらい。学生たちを送迎してくださったのは、まさに地元の方たちだった。西鹿島駅から龍山協働センター（西川）か龍山森林文化会館（瀬尻）までは遠鉄バス（当時）が利用できた。そこに地元の方たちが自家用車で迎えに来てくださる。学生たちは学生教育研究災害傷害保険（学研災）に加入しているので万が一の事故にも保険が適用されるが、それにしてもとかく世知辛《せちがら》い現代社会で、学生たちを快く自家用車に乗せてくださったおとうさん、おかあさんたちの心意気はずっとゼミで語り継いできた。だから知っているくせに。

いま、ここまで読んでいただいた読者の皆様はすでにお気づきであろう。このとき私は不覚にも目頭が熱くなっていた。学生たちの成長ぶりにである。「あらゆる選択肢を模索し、最善を尽くす」という伝承文学ゼミに受け継がれたSPIRITS《信念の共有》が確かにそこにあった。

*　*

斯《か》くして学生から横っ面を引っ叩かれたようなかたちで、熊での採録調査が始まった。夏までの採録調査では天竜区役所まちづくり推進課と熊ふれあいセンターの職員の方たちが交代で西鹿島駅からの送迎をしてくださった。秋からの補足調査（個別訪問）では道の駅「くんま水車の里」を拠点として、住民の皆さんが送迎してくださる。道の駅まで昼食に戻れない日は訪問先の玄関を借りて、持参したコンビニのパンを食べることにしていたが、たいていそんな状況にはならない。居間にあがって炬燵にあたらせていただきながら、煮物やら惣菜やらと、まさに「かあさんの味」がふるまわれる。「あなたたちが来るっていうから、これ作ったんだ」と手作りの菓子でもてなされたことも一度や二度ではなかったらしい。

かつての龍山と同等もしくはそれ以上の調査困難地域と考えられた熊で、学生たちは一二〇名を超える方たちを訪ねた。話者カードに登録されただけでも一〇七名。のべ人数ではなく、実人数である。二〇二四年一〇月現在で言えば、人口は四二八人。つまり、人口の二五%、四人に一人とお会いしたことになる。学生たちの果敢さ、そして熊のとうさん、かあさんたちのご協力から生まれた、驚異的な数字である。

*　　　*

しかし、果敢さは、ときとして毒にもなる。それが調査における「三昧魔《ざんまいま》」である。「三昧」とは仏教の用語で、心を一つの対象に集中し、動揺しない状態を言う。心を集中させることによって雑念を離れ、安定した状態となる。それが「三昧の境地」である。しかし、ときに「三昧」を求めすぎて迷いが生じ、あるいは「三昧」に囚われすぎて、かえって「三昧」への執着が生じてしまう。それを「三昧魔」という。

調査には、ときとして「三昧魔」が生まれる。果敢さは闇雲と表裏一体、紙一重。

一二月四日、私は学生たちに一二月七日を最後として、その後の補足調査《フィールドワーク》を禁じた。本当は七日の調査さえ禁じたいが、すでに訪問先には約束済みである。さすがにドタキャンはできない。しかたがないから七日の補足調査《フィールドワーク》だけは許可する。私にだってそれくらいの権限はあるのだ。

そもそもフィールドワークというのは厄介である。実地なり現地なりと訪ねるだけで、何かやっているようなつもりになってしまう。まして一〇〇名を超える高齢者の方々にお会いしながら何かしらの話を聴いてまわっていると、それだけで頑張ってる感が得られてしまう。それこそが「三昧魔」である。

話を聴いて記録するだけなら中学生でもできるだろう。なんなら小学生だってできるかもしれない。しかし、私たちの調査は、聴いてきた話、聴いてきた情報をもとにして、それに「意味」を持たせなければならない。おかあさんたちが語り伝えてきた話には、こんな背景があったんだよ。おとうさんが語り継いできた話は、こういう歴史や生活に裏打ちされてるんだ、と。この地に生まれ育ち、あるいは嫁ぎ、この地に生きて、そして語り継いできた話に意味を持たせる。そのためにはそれなりの知識が必要である。昔話の「炭焼長者」は、炭焼き小屋の裏に転がっている石ころが、実は黄金というものであることを知らずにいた若者の話である。知識がなければ黄金も石ころと区別がつかない。若者は都から来た姫君によって、その石ころの価値を知る。

私たちの調査でも同じことが言える。知識がなければ、せっかくの話や情報の価値を知ることができない。石ころだと思って気にも留めていなかった話が実は黄金だったとしたら。学生たちは自身が炭焼きの若者であってはならない。黄金の価値を知る姫君にならなければならないのである。だから日頃から知識を蓄え、書籍や資料を読み解いてゆくような座学が、フィールドワーク以上に必要となる。一二月七日以降の補足調査《フィールドワーク》を禁じ、そのかわりに浜松市立中央図書館や天竜図書館での資料探しを督励した。まずは文献資料だけでも一〇〇%の地域解説を書く。そのうえでフィールドワークによって補強し、一二〇%の地域解説に仕上げる。ずっと諭してきたそのことを、もう一度、肝に銘じて欲しかった。

年が明け、松の内も明けて、一月八日と九日の補足調査《フィールドワーク》を解禁した。学生たちは年末も年始も開館日はひたすら図書館へ通っていたらしい。図書や資料によって裏打ちされたことによって補足調査《フィールドワーク》では、何を聴くべきか、何を見るべきか、そうした目的《ターゲット》が明確になってきた。一月の補足調査《フィールドワーク》の成果はそれまでとは比較にならなかった。ようやくここまでたどり着いた。

＊　＊

一月八日、学生二人があるお宅を訪ねた。その家のおとうさんは年末まで入院していて、退院してきたばかりだった。鼻に酸素チューブを挿したままの姿で出てきて「俺が知っていることは全部話すから」とおっしゃられたという。

伝承文学ゼミに受け継がれたＳＰＩＲＩＴＳ《信念の共有》の一つに「託された思いに応える」というのがある。二人の学生は、まさに思いを託されたわけである。預かった以上は、その信託に応える責任がある。そのおとうさんの生涯をかけた情報を、けっして無駄にはしない。原稿が行き詰まったら、ツラくなったら、その日のおとうさんの顔と言葉を思い返すのである。何度でも。そして、彼に恥ずかしくない地域解説を目指す。彼の話に意味を持たせる。

これだけの経験を積み、困難に立ち向かいながら、涙の中に活路を見出してきた学生たちが成長しないはずはない。彼らの成長を促し、支えてくださったのは、ほかならぬ熊のおとうさん、おかあさんたちである。学生たちもそのことはよく理解している。だから、その御心に報いるためにも、この書籍の完成度を少しでも高めようと最後まで足掻《あが》いている。

不器用で、誠実で、勇猛果敢な学生たちとともに熊へ通った日々は私にとってもかけがえのない宝物である。だったら、私は、何をどうやったら、この学生たちの思いに応えることができるのだろうか。私は、何をどうやったら、この学生たちに報いることができるのだろうか。何をしても足りない気がする。なかなか難しい。

＊　＊

末尾になってしまったが、今年度も採録調査の開始にあたって黄地百合子先生と松本孝三先生に学生たちへの講義をお願いした。私たちの書籍《バックナンバー》を誰よりも熟読し、評価してくださっているのはこのお二人だろう。前述のように、採録調査にあたっては浜松市天竜区役所まちづくり推進課と熊ふれあいセンターの皆様に格別のご協力と多大なご支援を賜ってきた。送迎だけでなく、熊ふれあいセンターは調査の拠点としても活用させていただいた。また、秋からの補足調査では、浜松山里いきいき応援隊（地域おこし協力隊）として熊に駐在する山下芸さんにも現地での送迎にご協力をいただいた。補足調査は場当たり的なところも多く、計画が立てづらい。訪問先のご都合で突然のキャンセルが生じることも少なくない。それでも山下さんは学生たちを迎えに来てくださったという。そして、すでに一一冊目となったこのシリーズを、ずっと快く刊行してくださっている株式会社三弥井書店の吉田敬弥社長と吉田智恵編集長、今回から編集をご担当いただくことになった鈴木雅友さんにも、あらためて心から感謝申し上げます。

二〇二五年度は天竜区佐久間町での採録調査が計画されている。「民話の郷」として看板を掲げてきた町である。北遠地域における民話の採録調査の、いわば本丸への攻略がまもなく始まる。

二〇二五年二月一七日

編著者
鈴木　実咲（すずき・みさき）　2003年6月30日生まれ　静岡県浜松市出身
滝澤　未来（たきざわ・みく）　2004年3月4日生まれ　愛知県東浦町出身
服部　　奏（はっとり・かなで）　2003年6月4日生まれ　静岡県浜松市出身
廣濵　波貴（ひろはま・なみき）　2002年11月12日生まれ　静岡県浜松市出身

監修者
二本松 康宏（にほんまつ・やすひろ）　1966年12月7日生まれ　長野県長野市出身
静岡文化芸術大学教授、博士（文学）
民話関連の編著書
『水窪のむかしばなし』（二本松康宏監修、植田沙来・内村ゆうき・野津彩綾・福島愛生・山本理紗子編著、三弥井書店、2015年）
『みさくぼの民話』（二本松康宏監修、岩堀奈央・植木朝香・末久千晶・鷹野智永・久田みずき編著、三弥井書店、2016年）
『みさくぼの伝説と昔話』（二本松康宏監修、佐藤妃莉・下川知沙子・羽石誠之助・東美穂・平手結花・山本かむい編著、三弥井書店、2017年）
『たつやまの民話』（二本松康宏監修、稲葉夏鈴・岡田真由子・小林由芽・玉置明子・中谷文音・毛利とわ編著、三弥井書店、2018年）
『春野のむかしばなし』（二本松康宏監修、伊藤優華・藤井優・吉髙里編著、三弥井書店、2019年）
『春野の昔話と伝説』（二本松康宏監修、亀本梨央・川口璃穏・柴田俊輔編著、三弥井書店、2020年）
『北遠の災害伝承 - 語り継がれたハザードマップ - 』（二本松康宏監修、青木ひめの・青島萌果・小川日南・川嶋結麻・米川沙弥・松井佐織編著、三弥井書店、2021年）
『春野の山のふしぎな話』（二本松康宏監修、小田ありさ・奥村宗明・澤田駿佑編著、三弥井書店、2022年）
『春野の民話』（二本松康宏監修、奥理咲子・島津華梨・中澤明音・永田絵美梨編著、三弥井書店、2023年）
『春野のむかし語り』（二本松康宏監修、小鍋未羽・佐藤菜々美・藤井七海・望月花鈴編著、三弥井書店、2024年）

表紙画
川嶋結麻（かわしま・ゆま）
静岡文化芸術大学出身　イラストレーター

天竜くんまの昔ばなし

令和７年３月21日　初版発行

定価はカバーに表示してあります。



発行者　吉田　敬弥
発行所　株式会社 三弥井書店
〒108−0073東京都港区三田3−2−39
電話03−3452−8069
振替00190−8−21125

ISBN978-4-8382-3427-1　C3039　整版・印刷 エーヴィスシステムズ